モノではなく
価値を売るために

マーケティング

について
永井孝尚先生に聞いてみた

永井孝尚監修

Gakken

はじめに

マーケティングを学ぶ一歩を踏み出そう!

早速ですが質問です。あなたは「マーケティング」と聞いて、何を連想しますか?「広告や宣伝のこと?」「市場調査でしょ」「販売することじゃないの?」実際に周りの人に聞いてみると、いろいろな答えが返ってきます。ビジネスの世界で「マーケティング」ほど、人によって答えが変わる言葉はないでしょう。

マーケティングとは一言でいうと**「価値を生み出す活動」**です。「広告や宣伝」「市場調査」「販売」、さらに「新規事業開発」「研究開発」「顧客サービス」「管理業務」も、マーケティングの一部なのです。このように考えると、あらゆるビジネスパーソンが、必ずマーケティングに関わっていることがわかります。

現代ほど「新しい価値」を創り出すことが求められている時代はありません。マーケティングには**「新しい価値を生み出す方法論」がまとまっています。**

マーケティングを学ぶことで、あらゆる人が自分の仕事をパワーアップできるのです。しかし、マーケティングを学ぶには、問題もあります。マーケティング理論は範囲が広く、難しい言葉も多いのです。

この本は、そんな幅広く難しいマーケティング理論の世界を、誰でもわかるように身近な事例を使ってお伝えしていきます。**前提知識は一切不要。**マーケティングの基礎理論から最新理論までを、コンパクトにわかりやすくまとめています。本書の内容を理解して仕事に活かせば、あなたの仕事力は大きく向上します。

あなたがマーケティングを学ぶ一歩を踏み出すきっかけとして、ぜひ本書をご活用ください。

モノではなく価値を売るために

マーケティングについて永井孝尚先生に聞いてみた

目次

第2章 マーケティングの勝ちパターンを教えてください！

SHOP
NET SHOP

ONSEN

第4章 これまでの常識が変わる 最新マーケティング理論

第5章 「顧客」に刺さる！ 使える！ マーケティング術

売れるサブスク
訴求力
継続率
収益化

マーケティングとは

がんばらずに商品を売るためのセオリーである！

マーケティングを知るメリット❶

ビジネスの「勝ちパターン」を学べる！

実際の企業の事例などを通じて、成功するマーケティングのパターンを多数学べます。

現代を生きるビジネスパーソンにとって、もはや必須科目となりつつある「**マーケティング**」の分野。一見すると専門用語ばかりで難しそうなイメージがありますが、その本質は意外とシンプル。要は**「がんばらなくても商品が売れる方法」を理論化したもの**です。

マーケティング理論を学ぶことは、市場の仕組みに対する理解を深めるほか、消費者心理の把握にもつながり、それらの知識は**ブランディングの手法を考える上でも役立ちます**。本書では、数多くある理論から特に有用なものを厳選して紹介しますので、皆さんもぜひ、ご自身の仕事に応用できるものを見つけてください。

マーケティングを知るメリット❷

市場を俯瞰する広い視野が身につく！

マーケティングでは、自社を取り巻く環境に広く目を向けるのが基本。特定の業界に限らず、市場全体を見渡す力が養われます。

マーケティングを知るメリット❸

消費者の心理がわかる！

マーケティングでは売り手だけでなく買い手の情報も重視するため、消費者の心理や行動パターンを分析するための眼力が磨かれます。

マーケティングを知るメリット❹

ブランド構築の理解が深まる！

ブランディングの手法を考えるのもマーケティングの醍醐味のひとつです。商品を世間にアピールするために必要な思考力が鍛えられます。

現代でも通用する基礎理論の数々を学べる!!

昔の理論って
時代遅れじゃ
ないの？

より多くの人に商品を買ってもらうことを目的とするマーケティング理論は、世界経済の発展や人々の価値観の移り変わりに合わせて進化を続けてきました。

数多あるマーケティング理論の中には、時代遅れになって淘汰されていくものもありますが、数十年前に提唱された古い理論であっても、**今なお通用する普遍的な要素を押さえたものも多く存在します。**

「ニーズとウォンツ」 ➡P40-43

顧客が本当に求めるウォンツを発掘せよ!

「STP」 ➡P58-71

ターゲットにする顧客を絞り込もう!

「ブランド戦略」 ➡P86-93

強いブランドイメージを確立して企業の地位を盤石に!

「4P」 ➡P72-81

商品の製造・販売に重要な4つの「P」とは?

LOW PRICE
High PRICE

「価格戦略」 ➡P82-85

値段のつけ方が利益を大きく左右する!

古い理論の中にも現代に通用する要素はあります!

永井孝尚先生

こうした古典的な定番の基礎理論に触れておくことは、マーケティングを学ぶ上でとても大切です。成功した事例を学ぶときに、なぜそういう戦術をとるに至ったかという本質的な部分を理解しないまま表面的な手法だけを真似すると、**実際のビジネスの場で応用を利かせることはできません。**

本書の前半では、そうした基礎理論についてわかりやすく解説していきますので、マーケティングの下地となる知識を身につけたい初心者の方でも安心してお読みいただけます。

今なお進化し続けるマーケティング理論の最前線を知る!!

➡P148-149
ブランドは広告でなく
PRで作る時代！
PR
広告
➡P136-139
ターゲットを絞らず
マスマーケティングを！

マーケティング理論は様々な立場の学者や実業家などによって主張されるものなので、それらはときに相反します。どちらの理論が正しいかを巡って、しばしば激しい論争に発展しますが、これは悪いことではありません。**「異なる意見を正面から戦わせて、どちらがより正しいのかを合意していく」という思想こそが欧米流の知の探索アプローチ**であり、マーケティ

➡P158-159
顧客満足度は一定で頭打ちになる!
BYE!
SHOP
➡P174-175
売れるサブスクには
3つの鉄則がある!

ング理論もこの考え方に沿って進化しているからです。

本書で紹介する理論の中にも、主張が対立するものがいくつか含まれますが、これらはまさに今、**ぶつかり合うことで互いの正しさを検証している最中**というわけです。ただ、どんな状況にも対応できる絶対的な理論が存在するわけではなく、どれが正しいかは前提条件次第で変わることが多いため、そうした背景を理解した上で、自分の現状に当てはまる最適な理論を探してみてください。

マーケティングを通じて社会の未来が見えてくる！

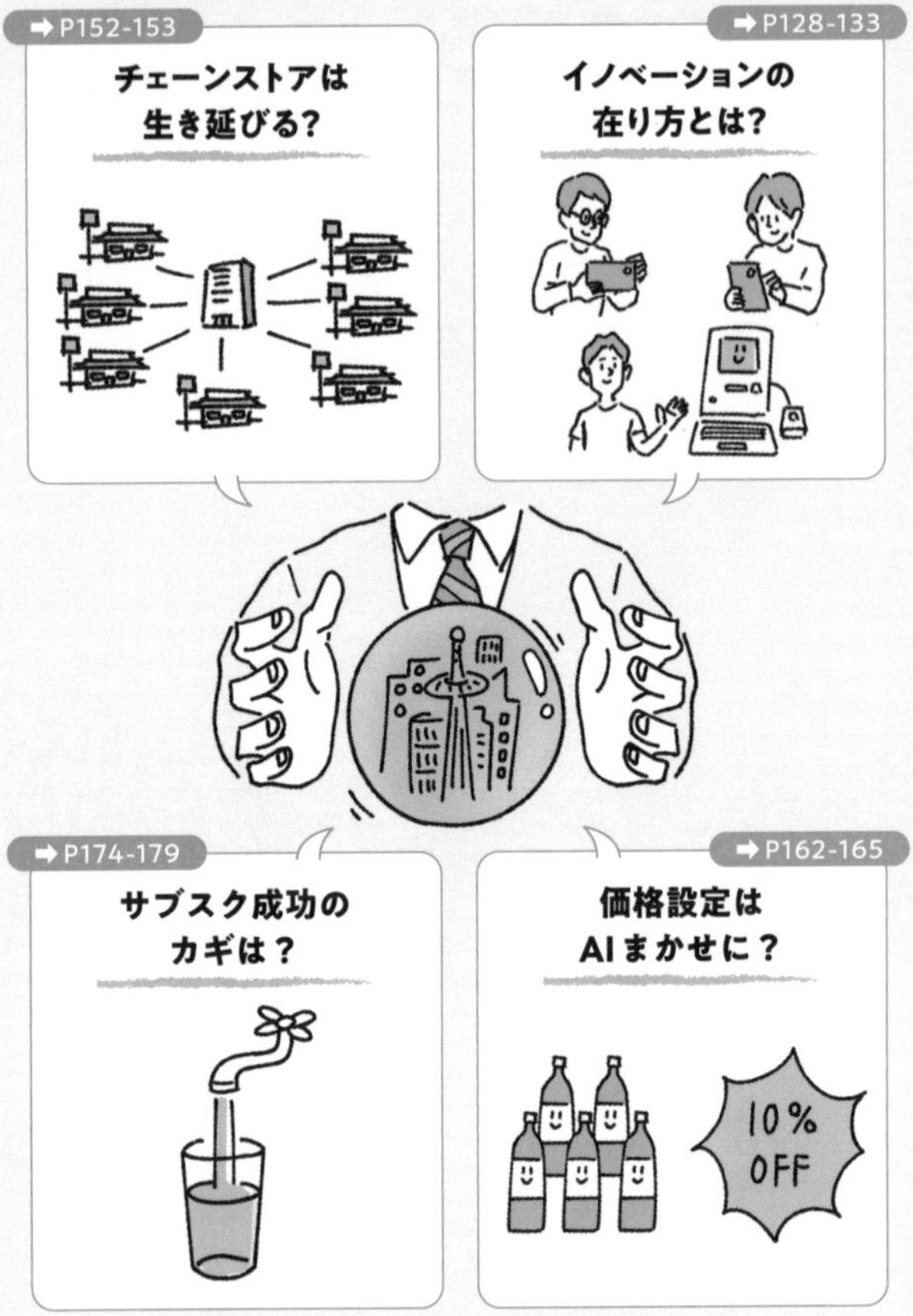
➡P152-153
チェーンストアは生き延びる？
➡P128-133
イノベーションの在り方とは？
➡P174-179
サブスク成功のカギは？
➡P162-165
価格設定はAIまかせに？
10% OFF

SNSなどの普及が進み、個人による情報発信が当たり前の社会となった今、**マーケティングの在り方もまた大きな転機を迎えています**。マーケティングは時代に合わせて変化するものですから、逆にいえば、**マーケティングを学ぶことは時代の変遷を知ることにもつながります**。

果たして、私たちが暮らすこれからの社会はどのように発展していくのか。マーケティングの学習を通じて、その未来を占ってみましょう。

Introduction

勝ち組企業が実践しているマーケティング事例

成功している企業のほとんどは、緻密なマーケティング戦略に基づいて経営を行っています。戦略なくして成功はあり得ないのです。本章では、そうした“勝ち組企業”が採用したマーケティング戦略の事例を詳しく紹介していきます。

マーケティング事例 1

ソニーはウォークマンの価格設定にどうやって成功したのですか？

POINT

会社の都合で値段を設定するのではなく、お客さんを基準にする

世界的な大ヒット商品の陰には価格設定の成功が！

1979年、ソニーはステレオカセットプレイヤー「ウォークマン」を発売し、世界的な大ヒットとなりました。累計販売台数は20年間でなんと1億9千万台弱にまで伸びたのです。なぜ、ソニーはこれだけのヒット商品を世に出すことができたのでしょうか。

当時、ウォークマンのような商品は、世界を見渡してもほかにありませんでした。とはいえ、画期的なだけでは、ここまで売れません。どんなに優れた商品でも価格設定を間違えれば、人々の関心を惹きつけることができずに売れなくなってしまうからです。当初、ウォークマンの原価は4万8000円でした。ではソニーはどんな価格にしたのでしょうか。

価格設定には、その商品を作るのにかかったコストに利益を上乗せして決める「**コスト基準型**」、ライバルの価格を参考にして決める「**競争基準型**」、お客さんの値ごろ感を基準にして決める「**価値基準型**」の3つの方法があります。**この中で本来考えるべきなのは「価値基準型」です。**ほかの2つはお客さんの気持ちを考えていないためです。

ソニーは、ウォークマンの価格を決めるに当たって自社の工場で働いていた若者たちやパート社員に意見を求めたそうです。そして「3万円なら今すぐにでも買いたい」という声をもとに、創業者の盛田昭夫氏が3万3000円という価格を決定したのです。その後コストが下がり、大きな利益を上げました。

お答えしましょう！

ソニーは、お客さんの「値ごろ感」を基準に価格を設定し、ウォークマンを大ヒットに導きました。

■ 高すぎても安すぎてもいけない「値ごろ感」

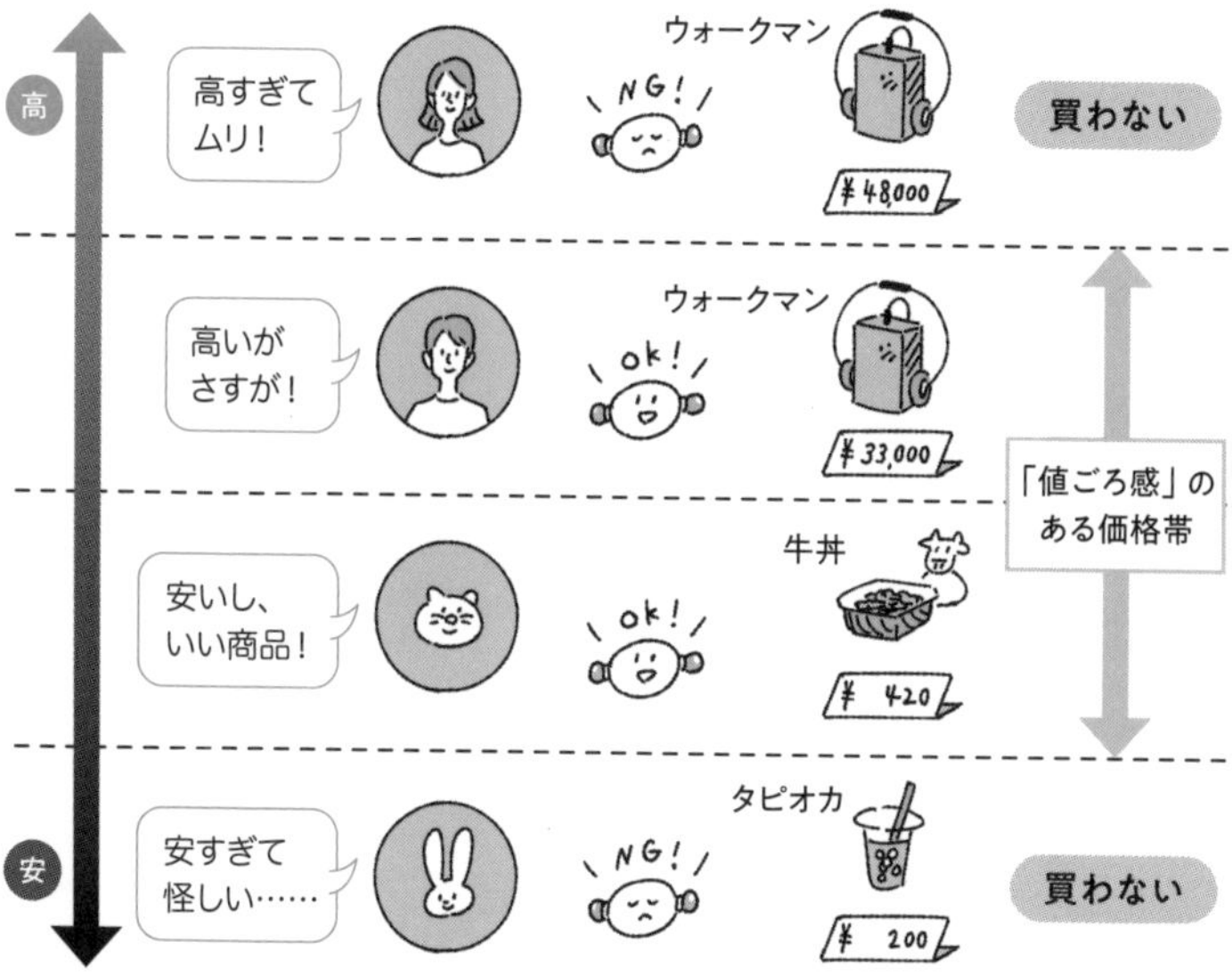

顧客がこれくらいならば買いたいと思う「値ごろ感」は、大きく2つに区分けできます。ひとつは「高いけど買う」で、もうひとつは「安いから買う」という価格帯です。

KEYWORD

値ごろ感……何かを買うのに「ほどよい価格」であると人々が判断すること。人間は、値段が高すぎると手が出にくく、安すぎると怪しく感じる習性がある。

マーケティング事例
2
QBハウスはどうやって大成功したのですか？

POINT
ライバルのいない新市場を開拓すれば莫大な利益を上げられる

従来の理髪業界のデメリットを把握し差別化を図る

ライバルのいない新しい市場を「ブルーオーシャン」と呼びます。ここでは、日本のブルーオーシャン戦略の成功者、QB《キュービー》ハウスの例を見ていきましょう。QBハウスは、国内外におよそ700店舗を展開するヘアカットチェーンで、約10分でできる散髪が売り。しかも、利用料金は税込み1350円と驚きの安さです。この「早い・安い」を売りにした散髪市場は、まさにブルーオーシャンでした。

創業者の小西國義《くによし》氏は、「従来の理髪店では髪を切る時間は正味10分程度でしかないのに、なぜトータルで1時間もかかってしまうのか？」ということに疑問を抱き、同じような疑問を持っている男性が多いことに着目。髪のカットに特化した業態を模索した結果、洗髪・乾燥・整髪料・肩もみなどのサービスをすべてカットし、空気で毛くずを吸い取るエアウォッシャーシステムを導入して、低価格で約10分で完了するヘアカットサービスを実現したのです。

ブルーオーシャン戦略のポイントは、「取り除く」「増やす」「減らす」「創造する」の4つのアクションです。

QBハウスは、洗髪をやめたため水回り工事を取り除き、カットと関係のないサービスを減らし、待ち時間とカット時間を短縮してお客様の満足度を増やし、エアウォッシャーシステムを創造しました。これら4つのポイントすべてを満たすような新業態を生み出した結果、QBハウスはブルーオーシャン戦略で大成功したのです。

お答えしましょう！

ブルーオーシャン戦略の最重要ポイントである4つのアクションを実行したからです！

■ QBハウスのアクション・マトリクス

取り除く	増やす
●予約担当 ●水回り工事	●衛生 ●待ち時間短縮 ●ヘアカット時間短縮
減らす	**創造する（付け加える）**
●各種サービス （洗髪、洗髪料、髭剃りなど） ●ヘアトリートメント ●低価格化 	●エアウォッシャーシステム 

SHAMpoo
ブォー…

アクション・マトリクスとは「取り除く」「増やす」「減らす」「創造する（付け加える）」という4つのアクションで、自社の事業を整理するツール。現場の競争要因に対して自身でどのように変化をもたらせばブルーオーシャンを創造できるかを明確化します。

■ QBハウスの戦略がわかる価値曲線

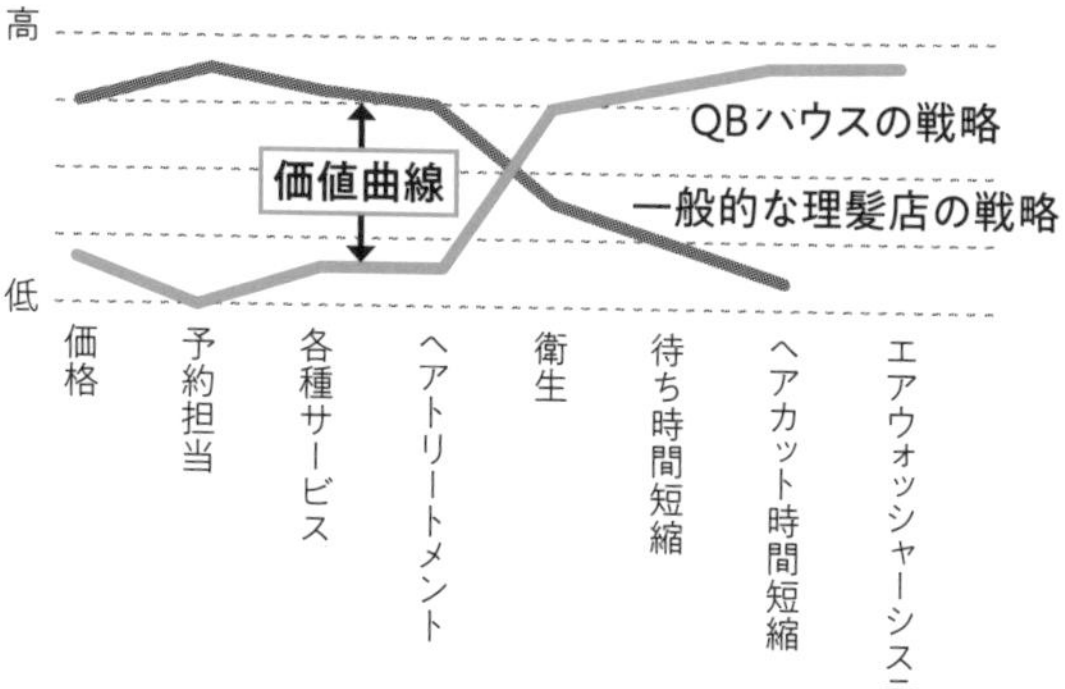
高
低
価値曲線
QBハウスの戦略
一般的な理髪店の戦略
価格
予約担当
各種サービス
ヘアトリートメント
衛生
待ち時間短縮
ヘアカット時間短縮
エアウォッシャーシステム

曲線の形で、一般的な理髪店の戦略と、QBハウスの戦略の違いが一目でわかります。

ヘアカット
QB
HOUSE

出典：『【新版】ブルー・オーシャン戦略』（ダイヤモンド社）

マーケティング事例
3

星野リゾートの戦略計画策定ステップはどのようにして作っているのですか？

お答えしましょう！

コトラーの戦略計画策定の4つのステップを実践し、戦略を策定しています。

■ 戦略計画策定のステップ①（星野リゾートの場合）

1 企業のミッションの定義

＝

リゾート運営の達人になる！

↓

2 企業の目的と目標の設定

＝

・優秀な運営会社になる（目的）
・利益と顧客満足度の両立（目標）

POINT
戦略計画策定ステップには踏むべき4つのプロセスがある

戦略を策定する最初のステップはミッション

マーケティングの父と呼ばれたフィリップ・コトラーは、マーケティングを行う上で最初に踏むべきステップは「戦略計画策定」であると言いました。

戦略計画策定には、以下の4つのプロセスが含まれています。**「企業のミッションの定義」「企業の目的と目標の設定」「事業ポートフォリオの設計」「マーケティング戦略の策定」**です。

これらのプロセスについて、星野リゾートを例にして見ていき

■ 戦略計画策定のステップ②（星野リゾートの場合）

3 事業ポートフォリオの設計

星のや リゾートホテル	**界（KAI）** 地域の魅力を堪能できる温泉を備えた和風旅館
リゾナーレ ファミリー層をターゲットとしたリゾートホテル	**OMO（おも）** 都市観光をテーマとした都市型ホテル（シティホテルなど）

4 マーケティング戦略の策定

- 従業員のマルチタスク化（一人が複数の業務を兼ねる）
- 顧客満足度の把握と、社員間での共有

etc.

出典：『世界のエリートが学んでいるMBAマーケティング必読書50冊を1冊にまとめてみた』（KADOKAWA）を参考に作成

ます。

ミッションが具体的な戦略を生み出してくれる

星野リゾートの代表である星野佳路《よしはる》氏は、「リゾート運営の達人になる」ことを企業のミッションに据えました。

従来のホテルは、ホテルの所有者とその運営者が一致していることが一般的でしたが、そもそもホテル所有とホテル運営は別の業態です。そして、運営だけを他の企業に任せたいと考えるホテル所有者が増えてきたのです。その流れの中で、星野氏は自社ホテルの所有をやめて、ホテル運営事業に特化するという大胆な決断をしました。

その上で、「優秀な運営会社になる」ために、オーナーの利益と顧客満足度を両立させるという目標を設定しました。この目標の達成のために、星野リゾートは上の図にあるような戦略を策定して実践したのでした。

KEYWORD

フィリップ・コトラー……アメリカの経営学者。多くのマーケティング理論を発表し、世界的なマーケティングの権威として知られる。

マーケティング事例

4

OMOのマーケティング戦略はどこがすごいのですか？

POINT

顧客が求めていることを戦略に則って把握し実践する

STPと4Pを用いた戦略

前項に続いて、星野リゾートのブランドの一角であるOMO《おも》を例に、マーケティング戦略を見ていきましょう。

OMOの事業は従来のビジネスホテルのそっけなさに不満を持っている顧客に、新しい都市型ホテルを提供できないかという発想から始まりました。利用者の多くがビジネスホテルに泊まると「テンションが下がる」と感じていることに着目。その地元に住む人しか知らない銭湯や飲み屋などのコアな店を案内し、その土地ならではのディープな観光体験ができるホテルにするという戦略を立てて、成功をおさめたのです。

戦略の基本となったのは、第2章で詳しく説明する**「STP（市場の細分化→顧客のターゲティング→自社のポジショニング）」と「4P（製品戦略、価格戦略、販売促進戦略、チャネル戦略）」**です。まず、STPから宿泊市場でのポジショニングを「旅のテンションが上がる都市観光ホテル」と位置づけた上で、次に製品（ご当地の魅力を堪能できるホテル）、価格（1人7000円とリーズナブルなプラン）、販売促進（広告なし。SNSなどの口コミ）、チャネル（自社の直販）の4Pを設定しました。

こうして、「STP→4P」を首尾一貫させた上で、4Pもお互いを補完しあっているマーケティング戦略を構築したのです。STPにより最適なポジショニングを実現するために、4Pの各要素をしっかりと組み合わせて、それにより全体でシナジー効果を生み出して、大きな成果をもたらしたのです。

お答えしましょう!

「STP→4P」が顧客目線で首尾一貫している上に、4Pもお互いの要素を補完しあっているところです。

■マーケティング戦略は、〈STP→4P〉で考える
（OMOの場合）

市場の細分化　Segmentation《セグメンテーション》
ビジネスホテルはテンションが下がる

↓

顧客のターゲティング　Targeting《ターゲティング》
都市型の観光客を狙う！

↓

自社のポジショニング　Positioning《ポジショニング》
「旅のテンションが上がる都市観光ホテル」

↓

マーケティング・ミックスへの展開　4P

製品戦略　Product（プロダクト）
ご当地ならではのスペシャルな体験ができるホテル

価格戦略　Price（プライス）
コンパクトな部屋で一人7000円とリーズナブルなプラン

販売促進戦略　Promotion（プロモーション）
SNSなどの口コミとパブリシティが中心

チャネル戦略　Place（プレイス）
コールセンターを利用した自社の直販

マーケティング事例
5

スカンジナビア航空が重視した「真実の瞬間」とは何ですか？

POINT
「真の財産は満足した顧客」をモットーに経営を再建

顧客との普段のやりとりが企業の明暗を分ける

顧客へのサービスを提供するためのマーケティング戦略を「**サービス・マーケティング**」と呼びます。この分野で必読のバイブルとされているのが、スカンジナビア航空（ＳＡＳ）の企業変革を成功させた名経営者ヤン・カールソンが書いた『真実の瞬間』（ダイヤモンド社）という本です。

真実の瞬間とは、顧客がある企業の従業員のサービスによって心を射貫かれ、感動する瞬間のこと。カールソンは、「真の財産は満足した顧客である」という考えをモットーとし、真実の瞬間に重きを置いて企業変革に取り組みました。

たとえば、あるアメリカ人ビジネスマンが空港に向かう途中でホテルの客室に搭乗券を忘れてきたことに気づきました。空港に着いてＳＡＳの係員に事情を伝えると、係員は「ご心配はいりません。ホテルの部屋番号を教えてください」と伝え、搭乗カードと仮発行航空券を手渡したそうです。その後、待合室で待っていたビジネスマンのもとに、ホテルに置き忘れてしまった搭乗券が届けられました。ＳＡＳの係員がホテル職員に連絡をし、搭乗券を見つけてもらってリムジンに乗せて運んできてもらったのでした。

これこそがまさに、「真実の瞬間」で、当のビジネスマンはそのきめ細かなサービスにいたく感銘しました。ヤン・カールソンは最前線に立つ従業員たちに真実の瞬間の大切さを教え、ＳＡＳの経営再建に成功したのです。

お答えしましょう！

「真実の瞬間」とは、顧客がその企業の従業員のサービスに心を射貫かれ、感動する瞬間のことです。

■ サービス向上で業績をアップさせたヤン・カールソン

会社再建のためには、顧客を満足させる優れたサービスが必要だ！
SAS
スカンジナビア航空社長
ヤン・カールソン
こちらはお客様がホテルに置き忘れた搭乗券です。
わー！　助かったよ。本当に感動的なサービスだ！
このように、顧客が企業の提供するサービスに、心を射貫かれた瞬間を「真実の瞬間」と言います。
業績がV字回復して、超一流のサービス会社へ！

KEYWORD

サービス・マーケティング……情報、金融などのサービスそのものを扱う業種のみならず、多くの企業のサービス分野においてきわめて重要な役割を果たす。

マーケティング事例

6

RIZAPのCMに見られる「広告の基本」とは何ですか?

お答えしましょう!

それを買うと、あなたはこうなりますよという「効能」をはっきりと伝えることです。

■ 広告の基本は商品の「効能」を語ること!

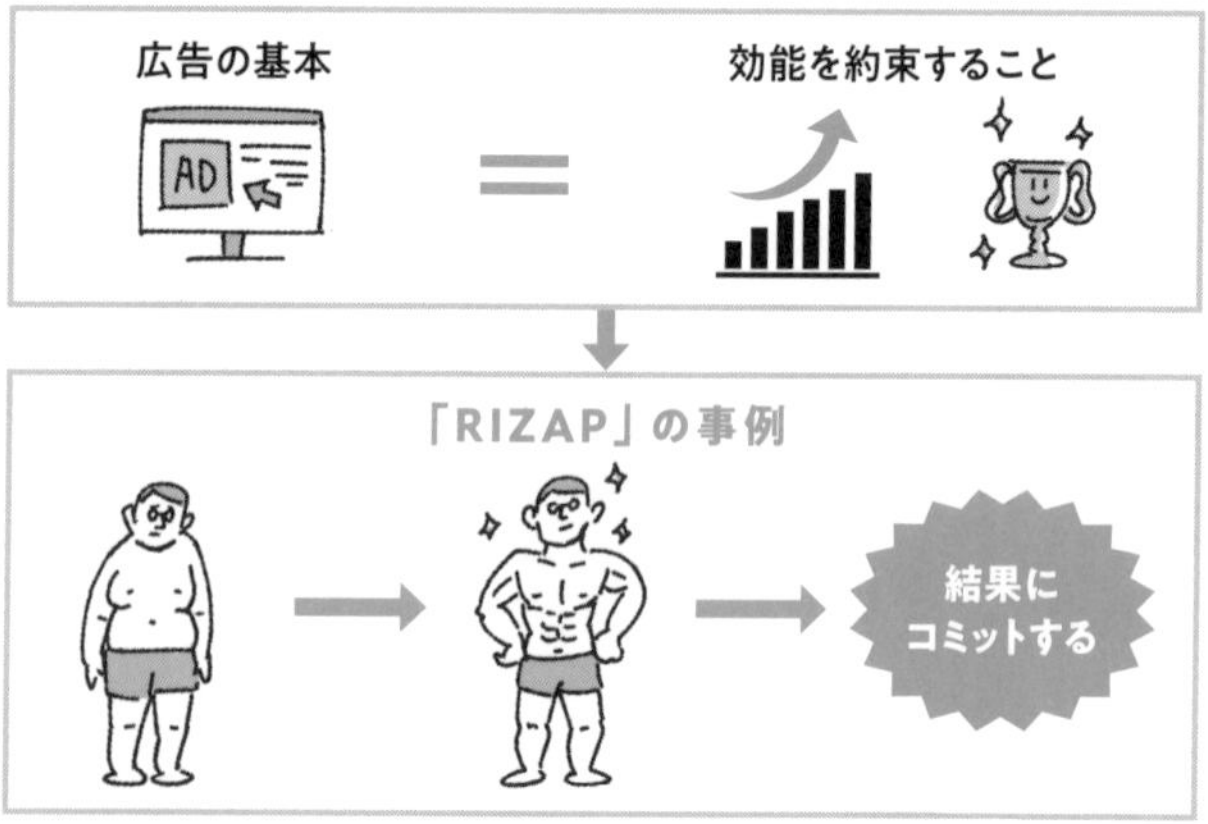

広告の基本
AD
効能を約束すること
「RIZAP」の事例
結果にコミットする

「RIZAP」の成功の一番の要因は、商品の効能(消費者のメリット)を明確に示したことです。

POINT

その商品・サービスが、誰の何を変えるのかを明確にして売り出す

効能を約束しないと売れるものも売れない

世界的な大手広告会社であるオグルヴィ&メイザーの創業者、デイヴィッド・オグルヴィは、その著書『「売る」広告』(海と月社)の中で、一番重要なアドバイスとして、「**効能を約束しない広告は、モノが売れない**」と主張しました。つまり、この商品・サービスを利用すればあなたはこうなりますよという効能を伝えることで、その広告は商品を「売る」ことが可能になるということです。

■ ダヴ(Dove)の事例

ポジショニング

＝

その商品が誰のために何をするのか?

→

＝ ドライスキンの女性のために肌に潤いを与える!

「ダヴ(Dove)」のブランドは、「ドライスキンの女性のための化粧石鹼」というポジショニングをとった上で、「ダヴは洗っている間に潤います」というコピーを25年間使って、効能を示し続けました。

RIZAPは効能を約束したから大成功した

RIZAP《ライザップ》の広告は、まさにこのオグルヴィの考えを具現化したもので、フィットネス業界を席巻しました。CMでは、「ライザップを利用するとこんな風に変わることができる」という効能が、誰が見てもわかるように視覚的にアピールされていました。

「結果にコミットする」というキャッチフレーズを覚えている人も多いでしょう。RIZAPが実践しているトレーニング方法は、検索すれば誰でも知ることができる方法ですが、それでも利用者が急増した理由は、RIZAPがその**効能を「約束」**したからでした。

広告の基本においては、「その商品が誰のために何をするのか」を明らかにすることが重要です。これを**ポジショニング**といい、効能を明示するためには不可欠なプロセスです。

KEYWORD

ポジショニング……マーケティングにおいて、商品やサービスが何をターゲットにしていて、どういった立ち位置なのかを明確にすること。

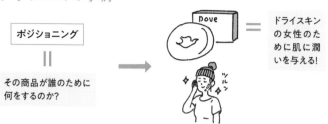

マーケティング事例
7
ウォルマートが示した「チェーンストア戦略」とは何ですか?

POINT
徹底的な倹約、薄利多売を愚直に守り続けて世界一に

小さな町を塗りつぶして世界一になった企業

世界最大の小売業者ウォルマート。全世界での売上は約65兆円にも達し、他の追随を許さない小売業界の巨人です。そのウォルマートを創業したのがサム・ウォルトン。彼は自著『私のウォルマート商法』(講談社)の中で、自分が成功したのは「目標に向かってコツコツとやってきただけ」と述べています。

この謙虚な言葉からもわかるように、サムは勤勉と正直を絵に描いたような人物でした。あまり豊かではない家庭に育ったサムは、大学生になるまで新聞配達で家計を助けなければならない境遇の中で、お金を貯める最も確実な方法は「倹約」であると学び、その後の会社経営でも倹約を実践し続けました。

約20年間、小売業で働いたのち、サムはウォルマートを創業。80セントで仕入れた商品を1ドル20セントで売るよりも、1ドルで売るほうが3倍多く売れ、利益も多くなることに着目した彼は、「薄利多売」で利益を上げることこそディスカウント・ストアの真髄であると見極め、「どこよりも安く売る」を徹底して、愚直に守り続けた結果、売上が拡大したのです。

サムは、「最高の小売企業を作りたい」という思いを胸にディスカウント店をチェーン化して、**容易に寡占化できる5000人以下の小さな町に適正規模のディスカウント店を開くということを繰り返して商圏を少しずつ拡大**していき、やがてアメリカ全土を寡占化することに成功しました。

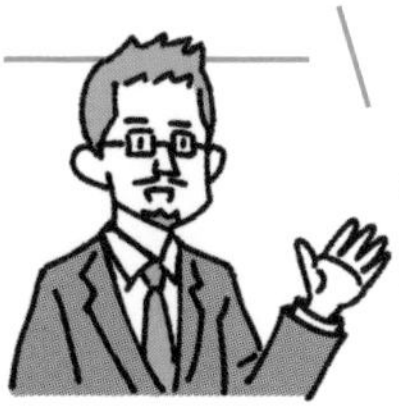

お答えしましょう!

徹底した倹約・薄利多売と、寡占化が容易な町にコツコツ出店し続けるという戦略で世界一になりました。

■ ウォルマートのチェーンストア戦略

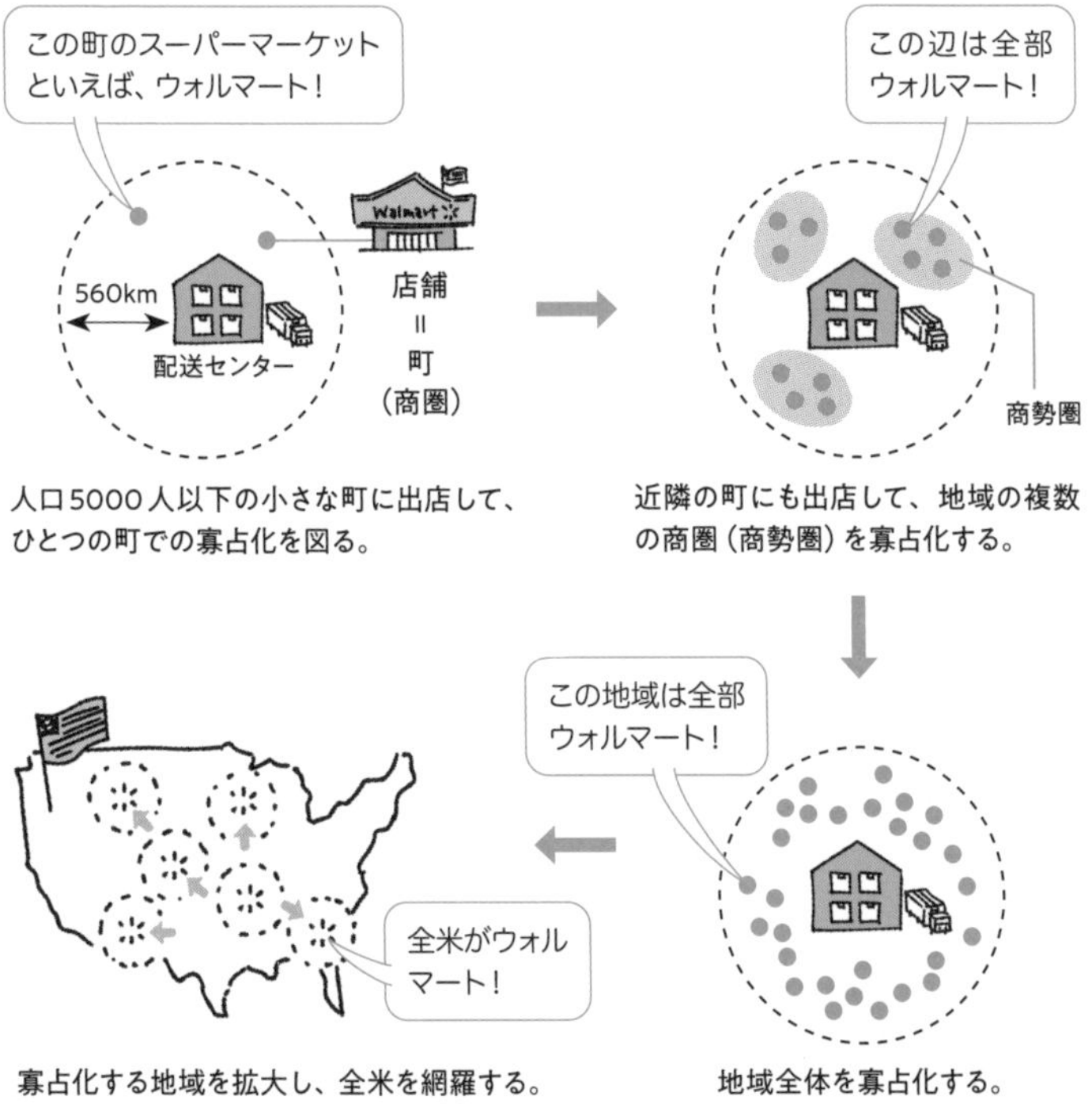

この町のスーパーマーケットといえば、ウォルマート!
Walmart
560km
配送センター
店舗
=
町
(商圏)
この辺は全部ウォルマート!
商勢圏
人口5000人以下の小さな町に出店して、ひとつの町での寡占化を図る。
近隣の町にも出店して、地域の複数の商圏(商勢圏)を寡占化する。
この地域は全部ウォルマート!
全米がウォルマート!
寡占化する地域を拡大し、全米を網羅する。
地域全体を寡占化する。

今や世界最大の小売業のウォルマートも、最初は他社が進出をためらう小さな町(人口5000人以下)にひとつずつ出店して、着実に「ひとつの町=商圏」を寡占化することから始めました。

出典:『私のウォルマート商法』(講談社)を参考に監修者が作成

マーケティング事例 8

ネット通販が優勢の中、実店舗を持つ小売店に未来はあるのですか？

POINT
ネット通販で味わえないような体験がカギ

ドン・キホーテでしか味わえない体験とは

今やAmazon《アマゾン》をはじめとするネット通販は、全世界の小売業界を席巻し、実店舗で商品を買う機会はどんどん減っています。ネット通販の商圏は、Amazonだけにとどまらず、楽天、ZOZO《ゾゾ》、ヨドバシカメラなど、ものすごい勢いで拡大しています。

自動車メーカーのテスラにいたっては、販売はオンラインのみに絞り、試乗ができるショールームのみを残すほどオンラインに大きく舵を切っています。

それでは、実店舗を持つ小売業者には、もう明るい未来は待っていないのでしょうか？

いいえ、そんなことはありません。小売業界の中で、異彩を放っているのが日本のドン・キホーテです。商品が所狭しとひしめいている店内は、さながらジャングルのようで、足を踏み入れるとどんな商品に出合えるのかとワクワクします。

これは、脳内でドーパミンと呼ばれる快楽物質が分泌されているからではないかと考えられています。つまり、**ドン・キホーテは単なる買い物ではなく脳が快感を覚えるような「体験」を提供している**のです。これからの時代の実店舗は、ドン・キホーテのように、そこでしか味わえない体験を提供する空間にすることができれば、生き残る可能性が高まります。

さらに、先程のテスラの例のようにリアル店舗の中には、店舗を「体験を提供する店」と位置づけて、「売らない店」として成長している企業もあります。

お答えしましょう!

そこでしか味わえない「体験」を提供できる空間になれば、生き残る道は十分にあります。

■ Webの世界とリアル店舗をつなげる戦略

リアル店舗で商品を体験
このダイニングテーブルセット、おしゃれでステキだわ。
じゃあ、あの店のECサイトで注文しようか?
注文はウェブで!

ショールーム化したリアル店舗で商品に実際に触れてそのよさを体感し、購入はウェブ上で行うといった、リアル店舗とウェブの世界を連携させる動きが、今後加速していくと思われます。

すなわち、店舗でモノを売るのではなく、顧客が自分が知らなかった素敵なショップやグッズに出合い、商品に触れたりし、購入はネットで行う、という**ウェブの世界をリアル店舗とつなげる成長戦略**を描いているのです。

KEYWORD

ドン・キホーテ……関東を中心に店舗展開している総合ディスカウントストア。「圧縮陳列」と呼ばれる陳列方法を採用している店内は、隙間なく商品が並べられている。

価格設定……18ページ
商品やサービスの価値を製造コスト、需要と供給、市場、品質などから決定すること。完璧な計算式などはなく、多くの要素を考慮して価格を設定する必要がある。

アクション・マトリクス……21ページ
ブルーオーシャン戦略で、競合のない市場を創造するための具体的な手法。差別化と低コスト化のトレードオフ関係を克服し、付加価値とコストのバランスを整えるために有用。

ミッション……22ページ
使命や存在意義を指す言葉で、ビジネスにおいては「何を実現する」「どのような問題を解決する」といった自社が存在する目的を意味する。

事業ポートフォリオ……22ページ
企業の各事業の組み合わせのこと。各事業の成長性や収益性を可視化でき、経営資源の最適な配分を検討するために使われる。

ターゲティング……24ページ
マーケティングにおいて、セグメンテーションによって細分化された市場から、自社が焦点を当てる市場を選ぶプロセス。適切な市場を選ぶことで戦略の明確化と競争優位性を築く。

ポジショニング……24ページ
マーケティングにおいて、競合他社から差別化し、提供価値を明確にするプロセス。

セグメンテーション……25ページ
マーケティングにおいて、顧客を属性に基づいて細分化するプロセス。セグメンテーションの仕方によって、その後のマーケティング戦略が大きく変っていく。

効能……28ページ
その商品やサービスを利用することで消費者が得られるメリットのこと。

寡占化……30ページ
特定の商品やサービスに関する市場が少数の企業によって支配される状態。

ネット通販……32ページ
インターネットを介して商品やサービスを購入する販売方法。固定費や人件費を削減し価格を低く抑えられる利点がある。自社仕入れ型と出店企業を募る仮想商店街型がある。

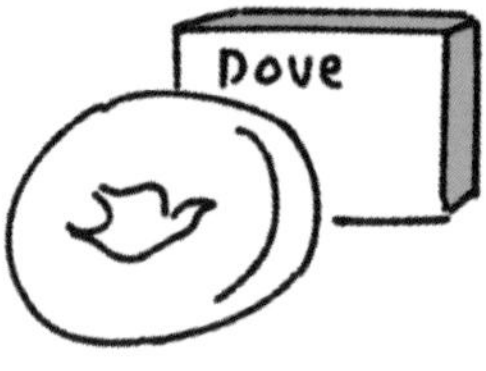

第 1 章

マーケティングって何から勉強すればいいんですか?

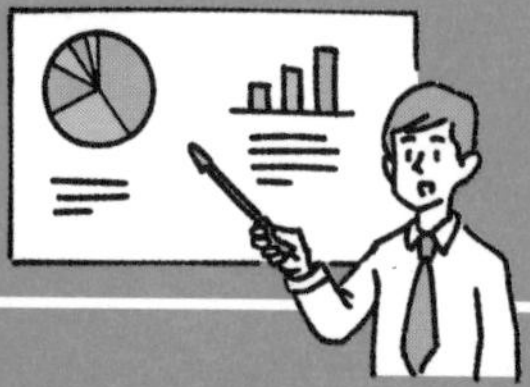

いざ、マーケティングを勉強しようと思ってもどこから手を付けていいか、わからないと思います。そこで本章では、おさえておきたいマーケティングのキホンについて見ていきましょう。

マーケティングのキホン
1

そもそも「マーケティング」って何なのでしょうか？

POINT

「マーケティング」と「販売」は混同されがちだが、実は正反対

マーケティングの目的は顧客満足度を上げること

「マーケティング」は、ビジネスにおいて絶対に必要なものです。ただ具体的に何かといわれると、人によって「市場調査」「宣伝」「ターゲティング」などバラバラの答えが返ってくるでしょう。これらはすべて、マーケティングの一部です。

マーケティングの概念は広く、**お客さんの視点でサービスや製品の満足度を上げるための仕組み作り全般のこと**を指します。

よく混同されがちなものとして「販売」があります。**「販売」は売り手視点です**。マーケティングの大家セオドア・レビットは「販売は製品と顧客のキャッシュを交換するためのテクニックである」と述べています。

一方、**「マーケティング」は買い手視点**。

マーケティングは「お客さんのために全力を尽くす」という視点であるため、長期的な成長を目指すことができます。

買い手の満足度を重視しない「販売」中心のスタンスでは、長くは続かないでしょう。

経営学者のピーター・ドラッカーは「マーケティングの究極の理想は、販売を不要にすること」とまで言っています。

つまり、企業の本来の使命は「**顧客満足**」であり、販売はビジネスの手段に過ぎないのです。ここを取り違えると、あっという間に顧客に見放されてしまうこともあり得ます。

では、どのようにお客さんに満足を届けるのか。その方法を模索するために、**マーケティングが必要不可欠**なのです。

お答えしましょう！

お客さんの視点に重点を置いて、「製品やサービスへの満足度を上げるための仕組み作り全般」を指します。

■ 販売とマーケティングは正反対の視点

販売

売って売って売りまくるぞ！

売り手のニーズが中心

製品と顧客のキャッシュを交換するためのテクニック

マーケティング

お客さんのウォンツを解決して満足を届けるんだ！

買い手のニーズが中心

顧客のウォンツ（欲求）を解決し満足してもらうための概念

お客さんを満足させる方法を模索するために必要なのは
マーケティング

KEYWORD

ウォンツ……消費者の潜在的な欲求のこと。これを正確につかみ取ることがマーケターの腕の見せどころ。

マーケティングのキホン

2

なぜ商品やサービスは次第に売れなくなってしまうのでしょうか？

POINT

商品が陳腐化するのは市場衰退のせいではない

マーケティング不足が陳腐化を引き起こす

かつて一大成長分野だったサービスや商品が、いつの間にか低迷してしまったという事例はいくつも挙げられます。

たとえば、ドライクリーニングはウール衣料全盛期のころに衣類を傷めずに洗う唯一の方法だったので、クリーニング店は大成長産業でした。しかし今や、ウール衣料は家庭の洗濯機でも洗えるようになり、服装自由の企業が増えたことでワイシャツなどをクリーニングに出す人も減りました。結果、街のクリーニング屋さんが次々と閉店し、業界は衰退の一途です。

ですが、クリーニング店のサービスに需要がないわけではありません。クリーニング店は、宅配クリーニングサービスを全国展開したり、冬物衣服のクリーニング引き受けと同時に半年間衣服を預かったりといった、**新サービスを展開することで需要を掘り起こしました。**

また、コンビニ業界は30年も前から「飽和状態」と指摘されていましたが、公共料金の支払い、宅配便の受け付け、ATMの設置、コーヒー販売など顧客のニーズに合わせてサービスを変化させ続けたことで成長を継続。1990年から2019年の29年間で、コンビニの国内売上と店舗数は実に3倍以上となっています。

セオドア・レビットは「成長が止まるのは市場の飽和ではなく、経営の失敗である」と述べています。**商品やサービスの陳腐化は「怠慢」が最大の理由**で、市場衰退のせいにするのは責任転嫁ともいえるでしょう。

お答えしましょう!

マーケティングを怠って放置した結果、商品やサービスが「陳腐化」してしまうためです。

■ 商品は必ず陳腐化する

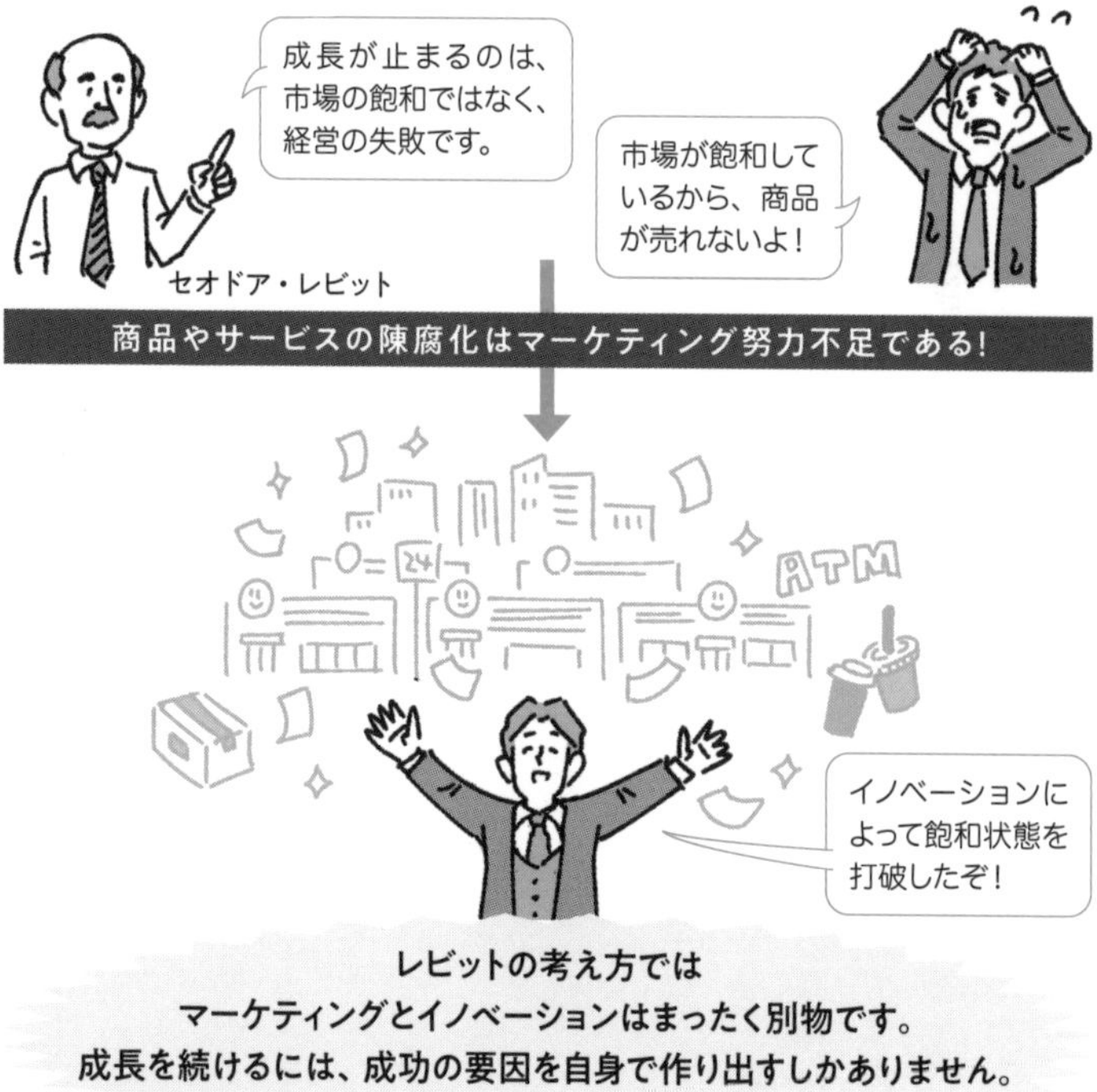
成長が止まるのは、
市場の飽和ではなく、
経営の失敗です。
セオドア・レビット
市場が飽和しているから、商品が売れないよ!
商品やサービスの陳腐化はマーケティング努力不足である!
ATM
イノベーションによって飽和状態を打破したぞ!
レビットの考え方では
マーケティングとイノベーションはまったく別物です。
成長を続けるには、成功の要因を自身で作り出すしかありません。

KEYWORD

コンビニサービス……最近は介護相談窓口、貸自転車、民泊の鍵受け渡しなど、コンビニにおけるサービスはさらに多様化している。

マーケティングでよく使われる「ニーズ」と「ウォンツ」は何が違うのですか？

POINT
ウォンツは市場調査だけで把握することはできない

ウォンツを見つけるのはマーケターの洞察

マーケティングの分野では「**ニーズ**」と「**ウォンツ**」という言葉があります。

絶対的な定義があるわけではありませんが、マーケティングの大家であるセオドア・レビットは、**ニーズを「既存製品に対する消費者の好み」とし、ウォンツを「消費者が解決できていない潜在的なニーズ」**と定義しています。

ウォンツを発掘して成功した代表的な事例としては、日本の電機メーカー・バルミューダのトースターが挙げられます。

トースターの役目はパンを焼くことなので「手ごろな値段でいい」と考えられがちで、各メーカーは市場調査で把握した消費者ニーズを基に、数千円の価格帯で販売していました。

つまり、ニ!ズを調査して数千円という価格を設定していたのです。

バルミューダの寺尾玄《げん》社長は、17歳のときに行った地中海放浪の旅で、香ばしい焼きたてパンをベーカリーで食べて、あまりにもおいしいので涙を流すという体験をしました。このトーストを再現しようとして作ったトースターは、2万～3万円という価格にもかかわらず、飛ぶように売れました。「とびきりおいしいパンが焼けるトースターがほしい」というウォンツを発掘したわけです。

ウォンツは目に見える形で市場に存在しないため、市場調査だけでは把握できません。経験と知識を蓄えたマーケターの鋭い洞察力によってのみ、発掘できるものなのです。

お答えしましょう!

ニーズは「既存製品への消費者の好み」、ウォンツは「潜在的ニーズ」のことです。

■ ウォンツは目に見える形で市場に存在しない

ウォンツ
おいしいトーストが食べたい!
おしゃれなトースターが欲しい!
おいしいトーストが焼けるおしゃれなトースターに需要があるかもしれない!
マーケター
市場調査ではわからないマーケターの洞察でわかる
新商品
ニーズ
こんな商品を求めてたわ!
もっとシンプルなデザインがいい。
もっとカリカリに焼きたいなぁ。
市場調査でわかる

KEYWORD

市場調査……アンケートなどによって市場の動向やトレンド、商品の認知度などを調査し、顧客のニーズを調べること。満足度を上げるひとつの指標になる。

マーケティングのキホン 4

ウォンツは状況によってどのように変わるのでしょうか？

消費者によってウォンツは異なる

「ウォンツ」は消費者の状況によって変わります。いくつかご紹介しましょう。

まず、「**地域の違い**」です。インドでは富裕層が冷蔵庫を所有していますが、誰でも開けられるようにしておくと、使用人が勝手に中の物を食べてしまうので、現地の冷蔵庫は鍵がついています。

そして、「**年齢の違い**」もあります。一戸建ては管理が大変で高齢者となると持て余しがちです。そんな高齢者から評価額の10割で家を買い取り、マンションや高齢者施設への住み替えを支援し、買い取った一戸建てをリフォームして子育て世代に再販するビジネスで街を活性化させた不動産会社があります。これが「年齢の違い」をうまくつかんだ事例です。

さらに、「**時代の違い**」。80年代のバブル時代は、若者にとって車が必需品でした。かっこいい車を持っていないと女性にモテないため、若い男性たちはこぞって買いました。しかし、現代の若者は車にお金をかけるくらいなら別のものに使います。時代の変化を理解せずに「若者は車を欲しがる」という固定観念で若者向けの車を販売しても車は売れないでしょう。

最後に「**性別の違い**」です。男性は「目的脳」、女性は「共感脳」といわれることがあります。男性向け雑誌を見ると「これをやればこうなる」と論理的な記事が目立ち、女性誌では「共感できる」といった情緒に訴える記事がウケる傾向にあるといえるかもしれません。

POINT

それぞれのウォンツの違いを見極めることがマーケティング成功の近道

お答えしましょう！

ウォンツはたとえば「地域の違い」「年齢の違い」「時代の違い」「性別の違い」によって変わります。

■ ウォンツの違いを見極めるポイント

地域の違い
外国
日本
日本と海外ではウォンツが違う場合がある
年齢の違い
子どもと高齢者ではウォンツが違う場合がある
時代の違い
バブル時代と現代ではウォンツが違う場合がある
性別の違い
男性と女性ではウォンツが違う場合がある

KEYWORD

地域の違い……中東で売られている携帯電話には、イスラム教徒が礼拝時に聖地メッカの方角を知るためのコンパスがついていることなども地域の違いのひとつ。

マーケティングのキホン
5

マーケティングにおける「ベネフィット」はどんな意味なのでしょうか？

お答えしましょう！

直訳すると「便益」で、顧客がサービスから得られる「効果や利益」のことです。

■ 顧客のベネフィットを見極める

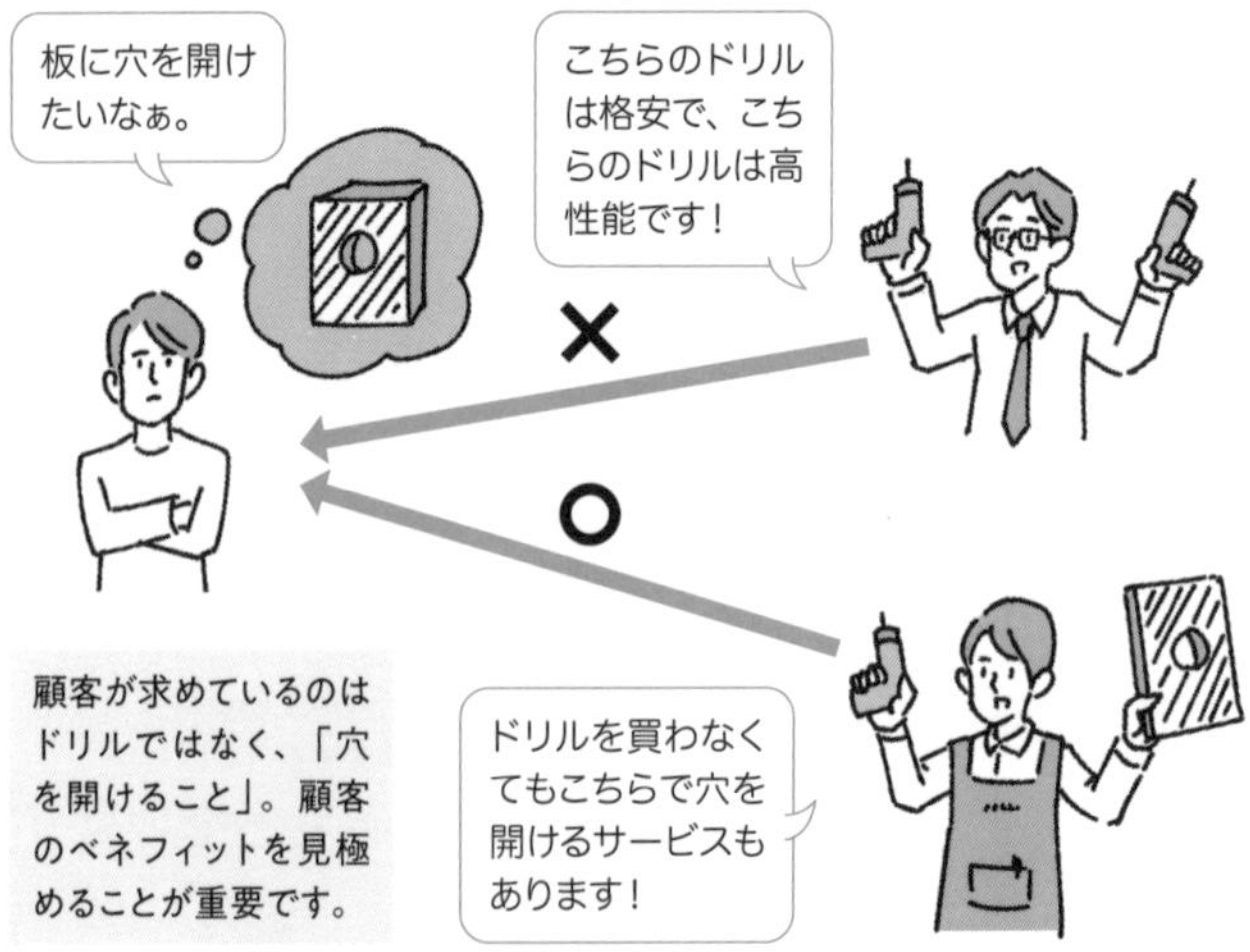
板に穴を開けたいなぁ。
こちらのドリルは格安で、こちらのドリルは高性能です！
×
○
ドリルを買わなくてもこちらで穴を開けるサービスもあります！
顧客が求めているのはドリルではなく、「穴を開けること」。顧客のベネフィットを見極めることが重要です。

ドリルを買う人が必要なのは「穴を開けること」

セオドア・レビットは、自身の著書の中で「4分の1インチのドリルを購入した人が必要としているのは、直径4分の1インチの穴である」という言葉を紹介しました。

顧客が求めているのは「穴を開けること」であり、ドリルはそれを実現するための道具でしかありません。

つまり、顧客は穴さえ開けられれば商品を買う必要はなく、もっとも適した解決手段がドリ

POINT

顧客にとって大事なのは「目的」であって、「商品」ではない

■ ベネフィット中心の考え方にシフトしよう

業種	製品中心の考え方	ベネフィット中心の考え方
鉄道会社	鉄道事業 ➡	輸送事業
電話会社	電話事業 ➡	サービス事業
会計事務所	会計業務事業 ➡	経営支援事業

ルなので購入したのです。もしほかの手段のほうが効率がよければ、顧客はそちらを選ぶでしょう。この**顧客にとっての価値を「ベネフィット」と呼びます。**

消費者は商品ではなくベネフィットに金を払う

レビットは著書の中で、アメリカの鉄道会社の例も挙げています。鉄道会社は鉄道事業にこだわるあまり、顧客が自動車や飛行機などのほかの輸送サービスに移っても気にせず、それが原因で衰退したというのです。

この例においても、顧客の目的は「移動」であり、鉄道は手段でしかありません。鉄道よりも便利な移動手段があれば、顧客がそちらに移ってしまうのは当然です。しかし、鉄道会社は顧客の目的が「移動」であることを忘れ、ベネフィットを提供できなかったために客離れが起きました。**お客さんにとっての価値を作り出し、提供するのはマーケティングの基本**であることは覚えておきましょう。

KEYWORD

ベネフィット……商品・サービスを利用することで得られる価値のことで、購買活動に大きな影響を与える可能性がある。

マーケティングのキホン 6

お客さんが商品を「買う」と判断する条件はどこにあるのでしょうか？

POINT

価値が対価を上回って初めて人は「買いたい」と感じる

価値と対価のバランスが商品の売れ行きを決める

お客さんは価値が対価を上回ると「買おう」と判断します。

たとえば、あなたが病院で診察を受けようと思ったとします。診察料は同じでも待ち時間が異常に長い病院は嫌ですよね。でも、ネット予約が可能で、それによって、待ち時間を大幅に減らすことができる病院なら行きたくなります。

ここでは「対価」は時間の浪費となり、これが少ない病院は「価値が対価を上回るサービス」になります。また、ネット予約はできなくても「移動の負担が少ない」という要素を重視する人であれば、交通の便のよさが「対価」になるでしょう。

このように、**私たちは無意識に頭の中で「価値と対価のシーソー」を描いています。**このシーソーによって、価値が対価よりも高いと感じられるようになると、その商品やサービスが欲しくなるのです。

つまり、商品やサービスを売れるようにするためには、**価値を増やすか、対価を減らすことが必要**になります。

前述したように「対価」はお金に限ったものではなく、手間や時間などの見えないコストも含まれています。

ネット通販大手のAmazonが購入の手間をより簡単にして、配送スピードを迅速にしているのは、購入の手間という「対価」を減らすためです。

そうすれば商品の価格がほかの店とさほど差がなくとも、価値が対価を上回りやすくなり、お客さんが「買おう」と判断してくれるのです。

お答えしましょう!

「価値」と「対価」のバランスが影響します。「価値」が「対価」を上回れば、人は「買う」と判断します。

■ 価値が対価を上回ればお客は買うと判断する

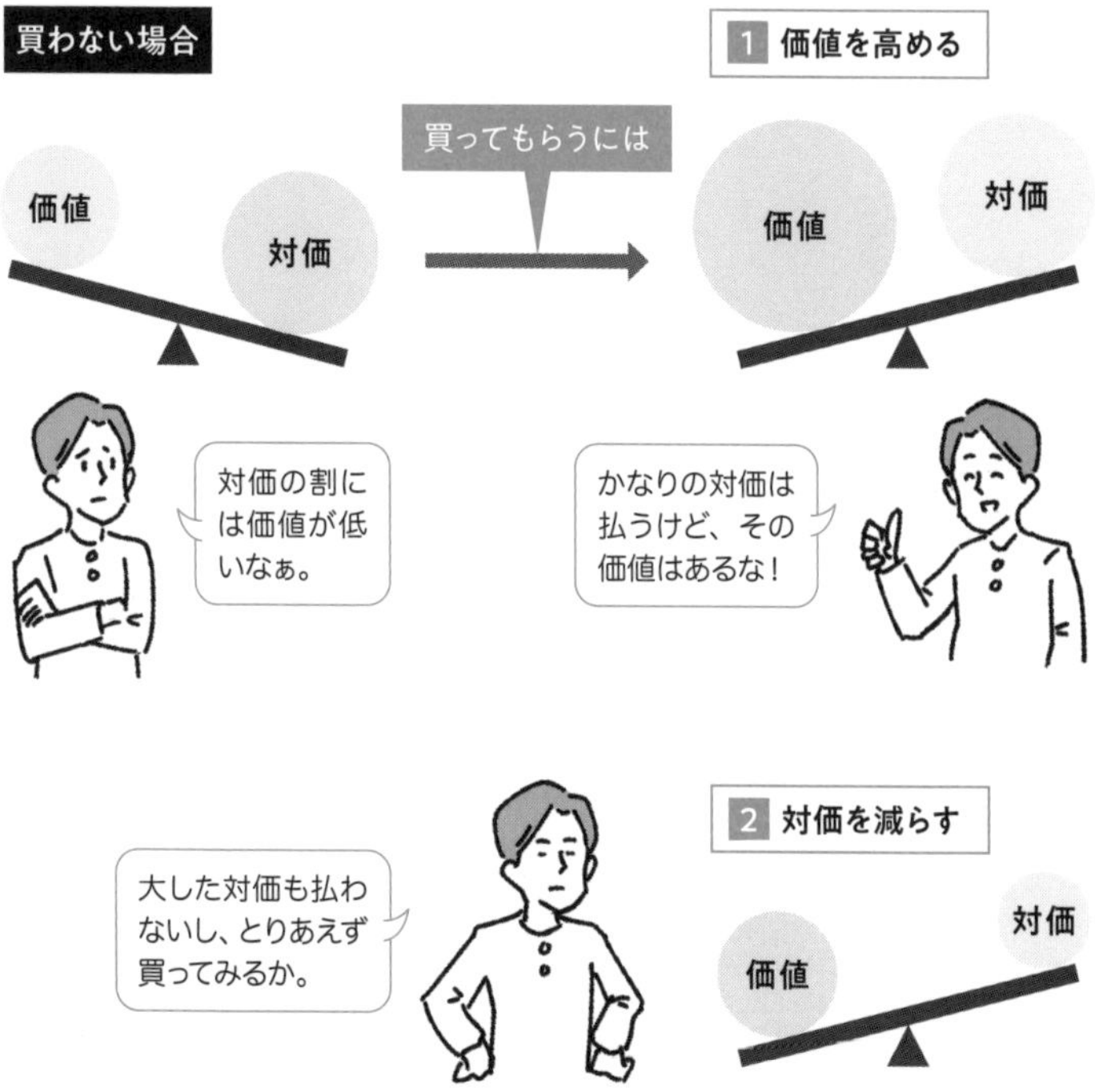

買わない場合
価値
対価
買ってもらうには
1 価値を高める
価値
対価
対価の割には価値が低いなぁ。
かなりの対価は払うけど、その価値はあるな!
2 対価を減らす
大した対価も払わないし、とりあえず買ってみるか。
価値
対価

KEYWORD

価値と対価 …… お客さんは商品やサービスの価値に納得したら対価を払う。対価にはお金だけでなく買い物に付随する「時間」や「手間」なども含まれる。

マーケティングのキホン
7

なぜナイキの100万円以上の高値がつくのでしょうか？

POINT
人気商品は機能的価値と心理的価値を併せ持っている

価値には機能と心理 金銭の3つがある

通常、ナイキのスニーカーはお店や通販サイトでは定価1万円前後で販売されています。商品によってある程度の価格の幅がありますが、2万円を超えるようなものはほとんどありません。

しかし、一部のモデルは数十万円で取引されることが珍しくなく、ものによっては100万円を超える価格で売買されるスニーカーもあります。

これは、商品が購入者にもたらす「3つの価値」に分類してみると、理由がわかってきます。

①「**機能的価値**」とは、商品本来の機能のことです。ナイキのスニーカーは性能が高いので世界中の人々に支持されています。

②「**金銭的価値**」とは、金額など数値化できる価値のことです。お得さがカギなので、スニーカーだけを考えれば、100万円ほどの「金銭的価値」はないでしょう。

③「**心理的価値**」は、その「金銭的価値」以上の価値を持ち得ます。「心理的価値」は、個人の主観・心理に訴えます。所有する喜びを得る、履くことで気分が高揚するといった付加価値に人は惹かれるのです。

もともと多くの人に支持されている「機能的価値」を持った人気ブランドの商品に、限定販売やデザイン性などの「心理的価値」が合わさると、価値が高まるのです。

人気商品は機能的価値と心理的価値がどちらもそろっていることが多く、ヒットの法則のひとつともいえるでしょう。

お答えしましょう！

「機能的価値」と「心理的価値」の相乗効果で人気が高まっているためです。

■ 商品がお客にもたらす3つの価値

高品質
高性能
~~10,000~~
2,000

機能的価値
商品の性能や信頼性、使いやすさなど

金銭的価値
金額などの数値化できるコストや報酬。お得感

心理的価値
所有することで得られる喜び、仲間意識など

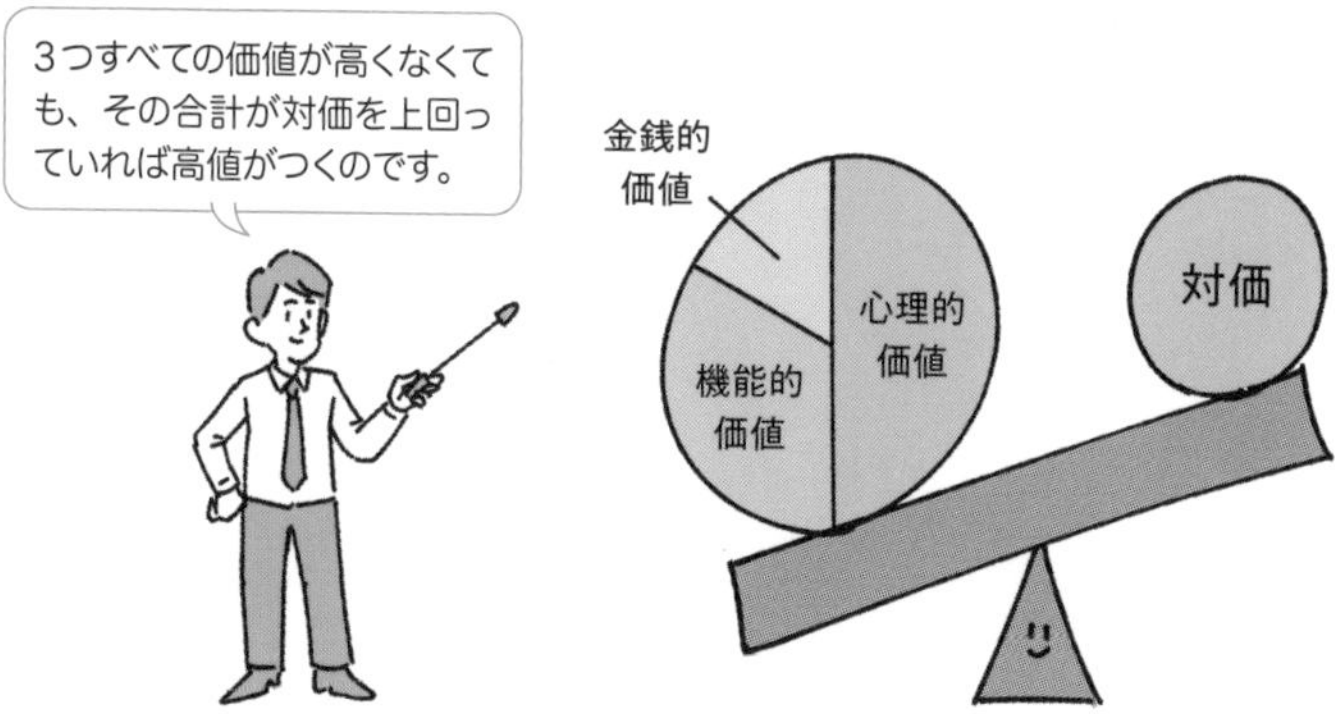
3つすべての価値が高くなくても、その合計が対価を上回っていれば高値がつくのです。
金銭的価値
心理的価値
機能的価値
対価

KEYWORD

ナイキのスニーカー……ナイキの限定モデルの取引は、鑑定による本物保証を打ち出したマーケットプレイス「StockX」の登場によって盛んになった。

マーケティングのキホン 8

デジタルマーケティングによって何が変わったのでしょうか？

ネットとSNSの普及で大きく進化した

インターネットの普及によって私たちの生活は大きく変わりましたが、マーケティングも例外ではありません。

ネットが普及する前は、消費者が商品を購入後、どのように使われているかがわかりませんでした。しかし、現代ではネットやデジタル技術を駆使することで、購入後の消費者の動向を個人レベルで把握できます。

また、ネット広告を目にした人がどんな反応をしたのかまでわかります。消費者とつながり、承諾を得た上で行動データを収集すれば、膨大なデータを蓄積することができます。

そうした巨大なデータを使えば、**消費者が何を求めているのかを把握しやすくなり、より効果的なマーケティングができます**。このようなデータの収集・分析や消費者への働きかけは、デジタル以前の人力で作業する時代には不可能でした。

また、SNSの普及や口コミサイトの登場も大きな変化を生みました。

掃除機を例に挙げると、以前なら強いブランド力を持つダイソンのような商品が圧倒的に有利でしたが、最近はネット上の評価が高いシャークのような比較的新しいメーカーの商品も売れるようになりました。逆に、有名メーカーでも品質が悪ければ悪評が広まり、信頼を失うことになります。

ネットの普及によって効果的なマーケティングができるようになった一方、**顧客へのコミュニケーションには誠実さが求められる時代になった**のです。

POINT

デジタル技術の進化がマーケティングの世界を一変させた

お答えしましょう！

膨大なデータの分析によって効果的なマーケティングが可能になった一方、消費者にウソが通用しなくなりました。

■ インターネットの普及でマーケティングは大きく変化

インターネット普及前　　　　現代

購入
購入

購入後の顧客の動向がわからない　　購入後の顧客の動向がSNSなどでわかる

■ 有名かどうかよりも誠実さと品質が問われる時代

最高の商品です。
ウソはバレる
あの企業はウソつき！
スマホ
最悪の商品でした。

情報が公開・共有されることで企業や商品は丸裸に
企業の姿勢や商品のメリット・本質・体験の質に基づいて消費者が意思決定するようになった

→ **これからは誠実さと品質が大きな武器となる**

KEYWORD

シャーク……アメリカの家電メーカー。2018年から日本でも販売を展開し、日本の住宅事情を考えて作られたコードレス掃除機が人気となっている。

デジタルへのシフトによってマーケティングはどう変わりましたか？

POINT
企業が商品・サービスの情報を独占していた時代は終わった

お答えしましょう！

「調べてから買う」時代になったことで、消費者の新たな購買行動に合わせる必要があります。

■ 情報の非対称性が解消された

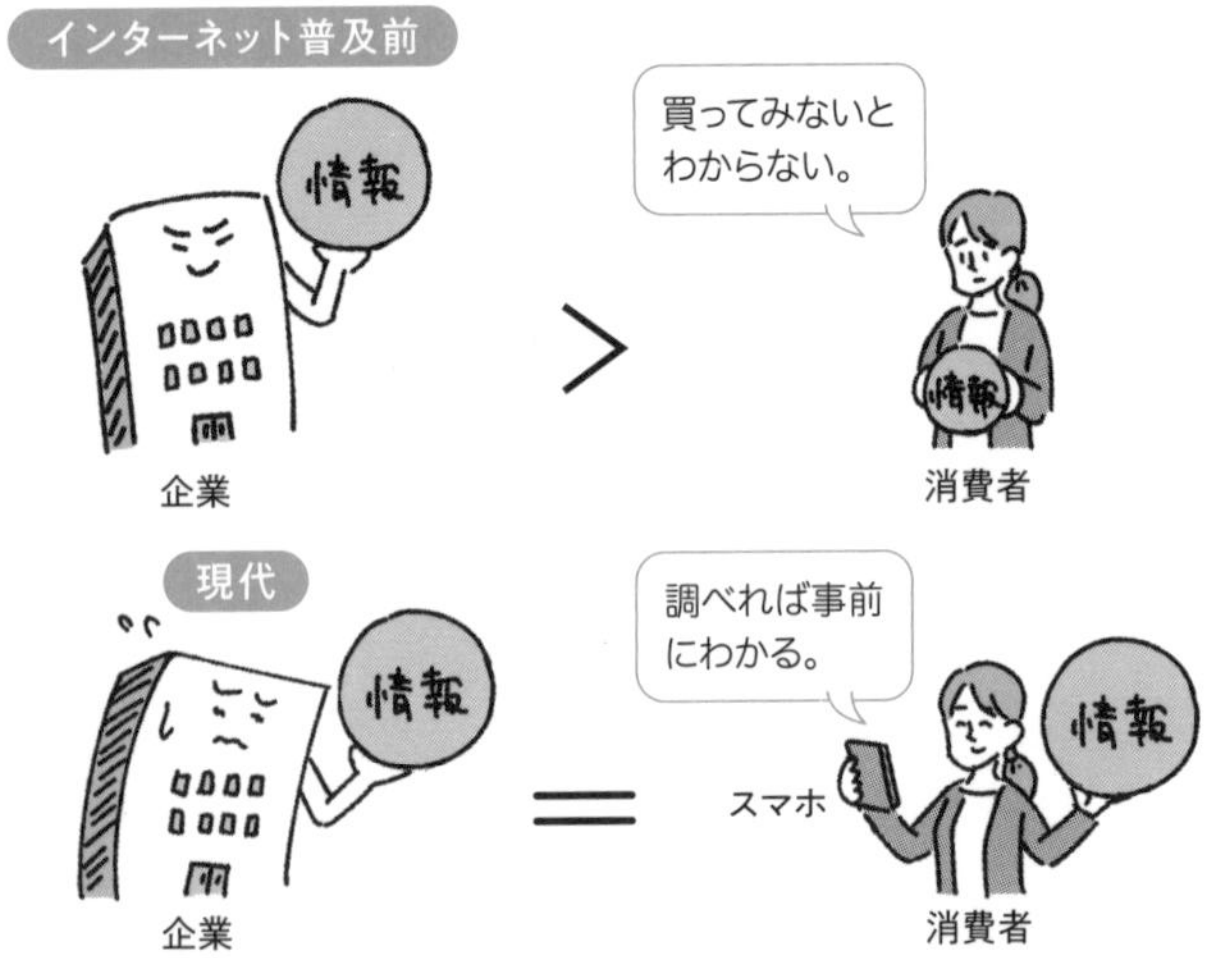
インターネット普及前
情報
買ってみないとわからない。
情報
企業
消費者
現代
情報
調べれば事前にわかる。
情報
スマホ
企業
消費者

情報の非対称性がネットによって消滅した

かつては、消費者はメーカー側が出した情報だけで商品の購入を決めなくてはなりませんでした。ギャンブルのようなもので、大ハズレを引いてしまうこともありました。

しかし、現代ではSNSや口コミサイトなどで商品の長所も欠点も消費者の実体験として情報が共有されます。**情報の非対称性が消えた**ことが、デジタルへのシフトによって起きた大きな変化のひとつです。

■ 体験共有を前提にマーケティングを行うべし

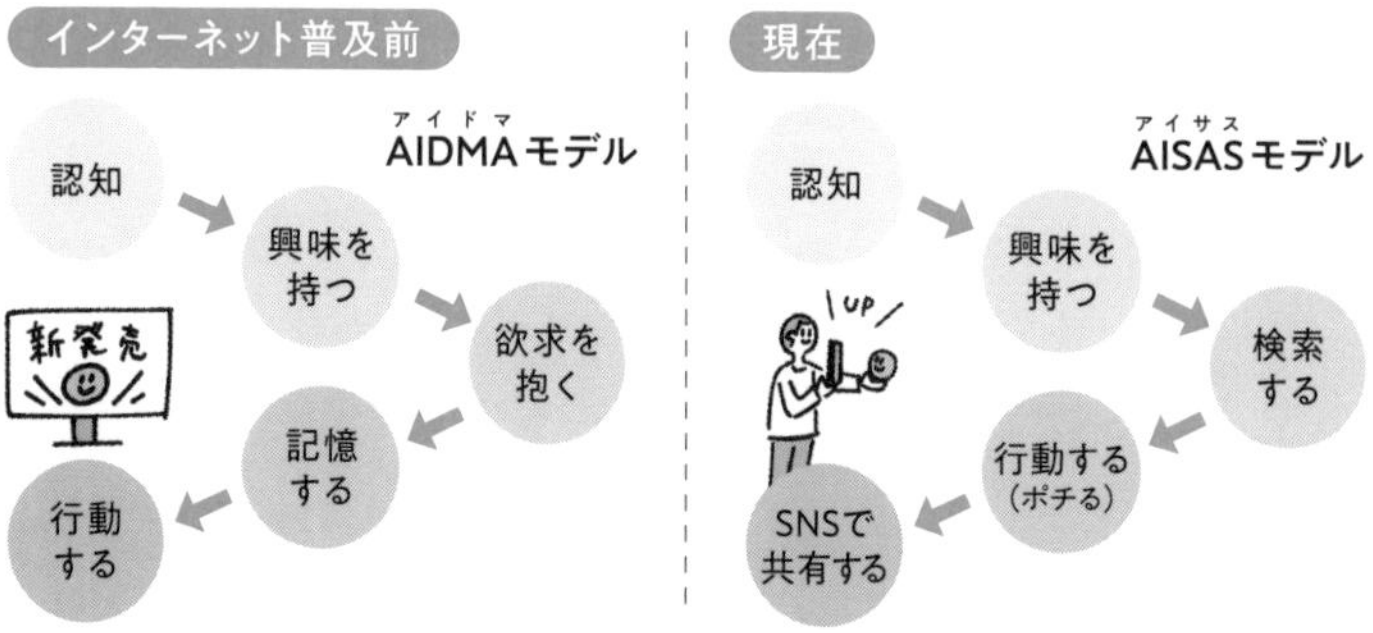

インターネット普及前
AIDMA《アイドマ》モデル
認知
興味を持つ
欲求を抱く
記憶する
行動する
新発売
現在
AISAS《アイサス》モデル
認知
興味を持つ
検索する
行動する（ポチる）
SNSで共有する
UP

ネット経由の買い物だけでなく、消費者は店頭でもスマホを駆使することで、様々な情報を調べた上で購入するかどうかを検討し、合理的に判断するようになりました。

消費者の購買行動はどう変わったのか

消費者の購買行動（商品を買うまでの行動）も大きく変わりました。

ネット普及以前は「**認知→興味を持つ→欲求を抱く→記憶する→行動する**」（AIDMA《アイドマ》）という流れで、CMなどで商品への欲求を高めるマーケティングが有効でした。

現在のネット時代では、消費者は「**認知→興味を持つ→検索する→行動する（ポチる）→SNSで共有する**」（AISAS《アイサス》）という購買行動に変わりました。

ネット時代の購買行動に合わせるためには、SNSなどで体験を共有することを前提にしたマーケティングが有効です。

KEYWORD

SNSで共有……見映えのする商品は「SNSに写真を載せて共有したい」という目的で購入されることもある。

市場調査……………………36ページ
市場の動向やデータの情報収集プロセスを指す。たとえば、新しいパソコンを開発する場合、出荷台数や価格、競合製品情報などを調査する。

セオドア・レビット……………36ページ
1925年、ドイツ生まれの経営学者。アメリカのハーバード大学ビジネススクールで教授を務めた。「マーケティング近視眼」などの論文で知られている。

ニーズ……………………37ページ
顧客が必要としていることを指す。あらゆるビジネスは、顧客ニーズから始まる。

ウォンツ……………………37ページ
顧客自身が自覚していないニーズのこと。企業は顧客のウォンツを掘り起こす必要がある。

バルミューダ……………………40ページ
2003年に設立された日本の電機メーカー。家電製品を中心に、デスクライト、扇風機、加湿器、スマートフォンなどを販売する。

ベネフィット……………………44ページ
商品やサービスを利用することで顧客が得られる利益や効果を指す。金銭的な利益だけでなく、心理的な効果も含む。

機能的価値……………………48ページ
商品やサービスの機能や品質として提供される顧客への利益を指す。たとえば、遮光カーテンの場合、特殊コーティングによる遮光性が機能的価値である。

金銭的価値……………………48ページ
商品やサービスが顧客に金銭的なメリットとして提供される価値を指す。割引、ポイント付与、特典提供などが含まれる。即効性が高い一方で、追加の費用がかかる可能性もある。

心理的価値……………………48ページ
商品やサービスが顧客の心理的欲求を満たす価値を指し、権威性、独自性、感覚品質、経験のプロセスなどを含む。心理的価値を強調することが差別化のカギとなる。

口コミサイト……………………50ページ
ユーザーが商品や店舗について評価を投稿できるウェブサイト。利用ユーザーは商品やサービスに関する感想や知見を共有し、他のユーザーに情報提供する。

第 **2** 章

マーケティングの勝ちパターンを教えてください！

マーケティングの「勝ちパターン」は「STP→4P」の流れを首尾一貫させることです。本章ではSTPの３つの要素と4Pの４つの要素を中心に解説していきます。また、マーケティングで近年重要視されている「行動経済学」からのアプローチや、企業の「ブランド戦略」についても言及します。

知って
おきたい
基本テク
1

マーケティングにおける「勝ちパターン」はありますか？

お答えしましょう！

マーケティングの勝ちパターンは、STP→4Pの流れをきちんと守り、首尾一貫させることです。

■「STP→4P」の成功事例① QBハウス

首尾一貫した流れ

STP		4P
時短したい顧客にターゲットを絞り、「10分で散髪」	→	・10分カット（プロダクト） ・駅ナカなどの利便性のよい場所への出店（チャネル） ・店内TV（プロモーション） ・低価格化（プライス）

髪が伸びたのでカットしたいけど、忙しくて時間がないし、理髪店に行くと高いし……。
ボサ
ボサ
短い時間でサクッと切ってくれて、しかも安い！

マーケティングには勝ちパターンがある！

この章では、マーケティングにおける「勝ちパターン」を紹介します。それは**24ページで触れたように**、「STP→4P」の流れです。

STPは、**セグメンテーション**（細分化）、**ターゲティング**（目標設定）、**ポジショニング**（位置づけ）の頭文字から名づけられています。そして、4Pは**製品**（プロダクト）、**チャネル**（プレイス）、**販売促進**（プロモーション）、**価格**（プライス）の4つの頭文字

POINT
マーケティングには押さえておくべき正しい進め方がある

■「STP→4P」の成功事例②
バルミューダのBALMUDA The Light

STP

＝

子どもたちの目を守りたいという顧客にターゲットを絞り、「目にやさしいライト」

↓ 首尾一貫した流れ

4P

＝

医療現場で使われている技術を応用して、目にやさしい照明を実現

をとったものです。

QBハウスもSTPと4Pで成功している

STP→4Pとは、よりわかりやすく説明すると「ターゲット顧客を絞り込み、どんなポジショニングを作るか決めた上で、4つのPを組み合わせてターゲットにアプローチする」ということ。この流れを首尾一貫させるのが成功のカギとなります。

20ページで紹介したQBハウスは、時短したい顧客にターゲットを絞って10分カットを実現し（STP）、水回りの工事なしで必要十分なサービスを提供しました（4P）。

また、電機メーカーのバルミューダは子どもたちの目を守りたい顧客に絞って目にやさしい照明を実現するために（STP）、手術灯技術を活用した商品「BALMUDA《バルミューダ》 The《ザ》 Light《ライト》」を提供しています（4P）。

KEYWORD

STP……マーケティング戦略の基本概念のひとつ。誰をターゲットにしてどんな価値を提供するのかを明確にし、効果的な市場開拓を目指す。

「STP」について詳しく教えてください！

POINT

市場を細分化し、ターゲットを絞り込み、ポジショニングを確立する

ターゲットを絞り込むことが最初のステップ

市場で売られているすべての商品には、「ターゲット」があります。

ターゲットとは、その商品が「誰に向けて作られ、売られているのか」ということです。

たとえば、男性用の整髪料なら、ヘアスタイルを決めたい男性がターゲットですし、美顔器なら美容に気を使っている女性がメインのターゲットです。

スーパーマーケットの生鮮食品コーナーの野菜は手間をかけて料理をしたい人がターゲットですが、一方、お惣菜コーナーのパック詰めされた惣菜は忙しくて料理ができない人がターゲットになっています。

このように、すべての商品にはターゲットがあり、特定の誰かを狙って商品が作られ、売られているのです。

ですから、マーケティングをする上では、その商品が誰に向けて作られ、売られるのかを明確にしておかなければ、売れるものも売れなくなってしまうのです。

たとえば、すべての人を対象にした商品というものを想像してみてください。誰に向けて作られているのかがわからない商品はすべての人が欲しがることはありません。むしろすべての人から興味を持たれないのです。

そして、このターゲットを明確にするプロセスが前項で紹介したSTPなのです。**S「セグメンテーション」**、**T「ターゲティング」**、**P「ポジショニング」**それぞれのステップについて、次項から詳しく見ていきましょう。

お答えしましょう!

セグメンテーション、ターゲティング、ポジショニングのことで、商品のターゲットを絞り込むために使います。

■ STPの基本的な流れ

S

セグメンテーション

➡P60

まずは市場を分けよう。
市場

市場を何らかの基準によって区分けする

T

ターゲティング

➡P68

ここをターゲットにするわ。
ターゲット

細分化した市場の中から自社がターゲットにする市場を選択する

P

ポジショニング

➡P70

うちの立ち位置は……。
自社
他社

自社の商品をどう位置づけるか、どのように他社と差別化して価値を作り出すかを決める

KEYWORD

ターゲット …… マーケティングにおける商品やサービスの「想定顧客層」のこと。その商品が「どんな人々」に向けて作られているのか、ということ。

STPのひとつ目のセグメンテーションって何ですか？

POINT
もっともポピュラーな基準はデモグラフィックス

消費者を細分化してグループを見極める

STPの最初のステップである「セグメンテーション」は、日本語では「細分化」と訳されます。つまり、マーケティングを行う市場（顧客）を細かく分けていくことです。ただし、ただやみくもに分けてしまえばいいというわけではなく、「分け方に意味がある」ことが重要です。

そもそも、なぜセグメンテーションが必要かというと、私たち人間はそれぞれ好みが違い、求めるものが違うからです。大画面のタブレットに興味がない人にタブレットを一生懸命売り込んでも、買ってもらえる確率は低いでしょう。また、タブレットが欲しいと思っている人の中でも、イラストを描く人と持ち歩いて本を読みたい人では求めるタブレットのニーズが異なります。このように、市場（顧客）を分けていくことで、「買いたいと思っている人たちに適切な商品を売り込む」ことができるようになるのです。

セグメンテーションには、様々な「分け方」の基準がありますが、もっともポピュラーなのが「デモグラフィックス」による分け方です。**デモグラフィックスでは、市場を年齢、性別、職業、住んでいるエリア、所得、教育水準などによって分けます。**

デモグラフィックスは大変使いやすい分け方で、すべての人を何らかの区分に分類していくことができます。そして、それぞれの区分ごとにその人たちが求めているものを探っていけば、効率的なマーケティングができます。

お答えしましょう！

セグメンテーションとは、市場（顧客）を細かく分けて、それぞれのグループが何を求めているのかを探る手法です。

■ デモグラフィックスを用いたセグメンテーション

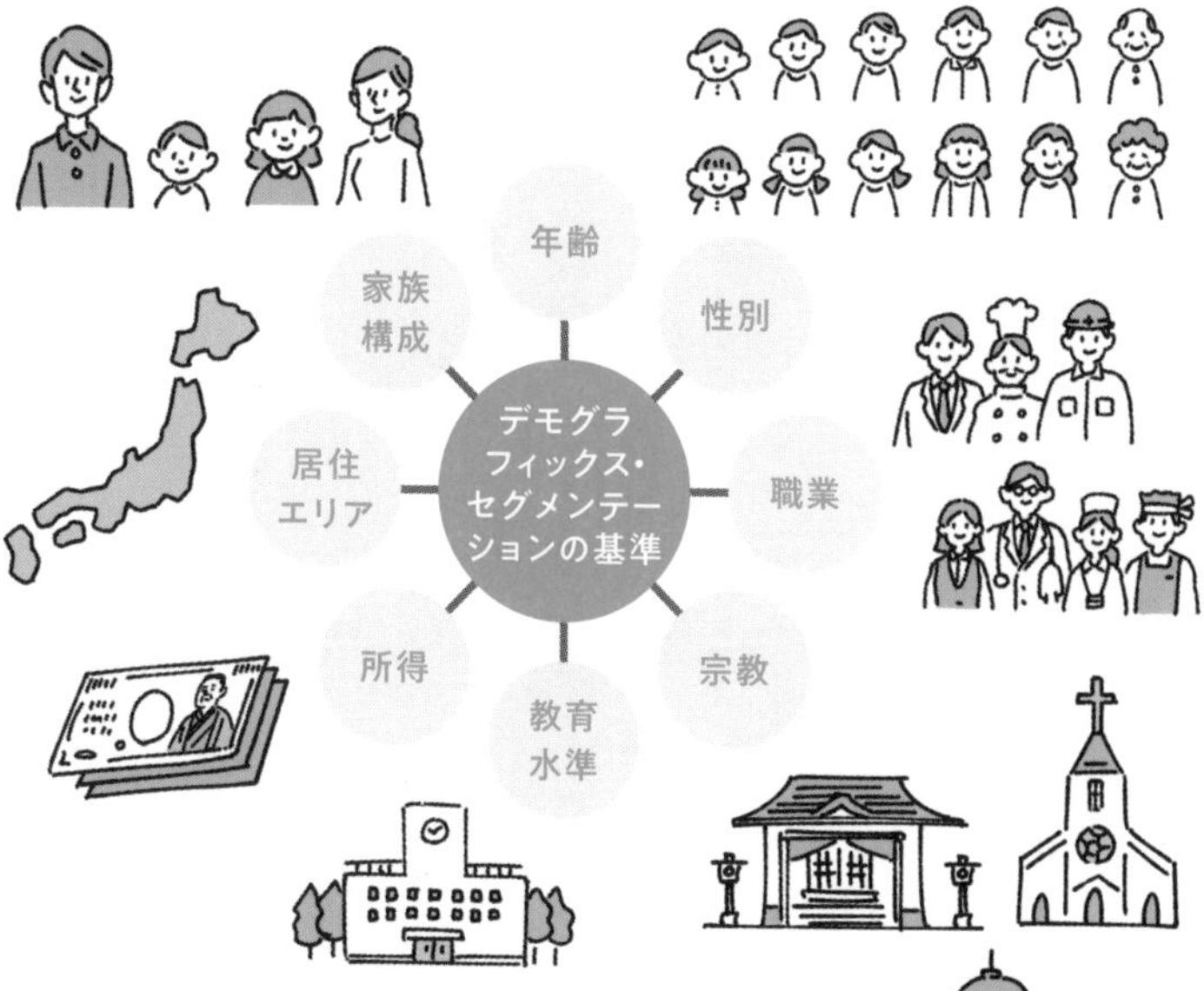

デモグラフィックス・セグメンテーションとは、年齢、性別、所得、居住エリア、家族構成、教育水準などを基準に市場（顧客）を細分化する手法です。

KEYWORD

デモグラフィックス……人口統計学に基づいて市場や顧客を、年齢、性別、所得、住んでいるエリア、家族構成などで細分化すること。

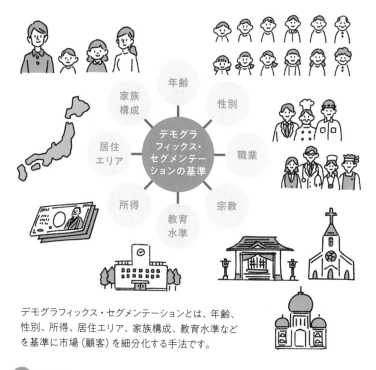

セグメンテーションにおける「イノベーター理論」って何ですか？

お答えしましょう！

消費者を商品の「購入タイミング」で分ける考え方のことです。

■ 購入タイミングの違いによるセグメンテーション

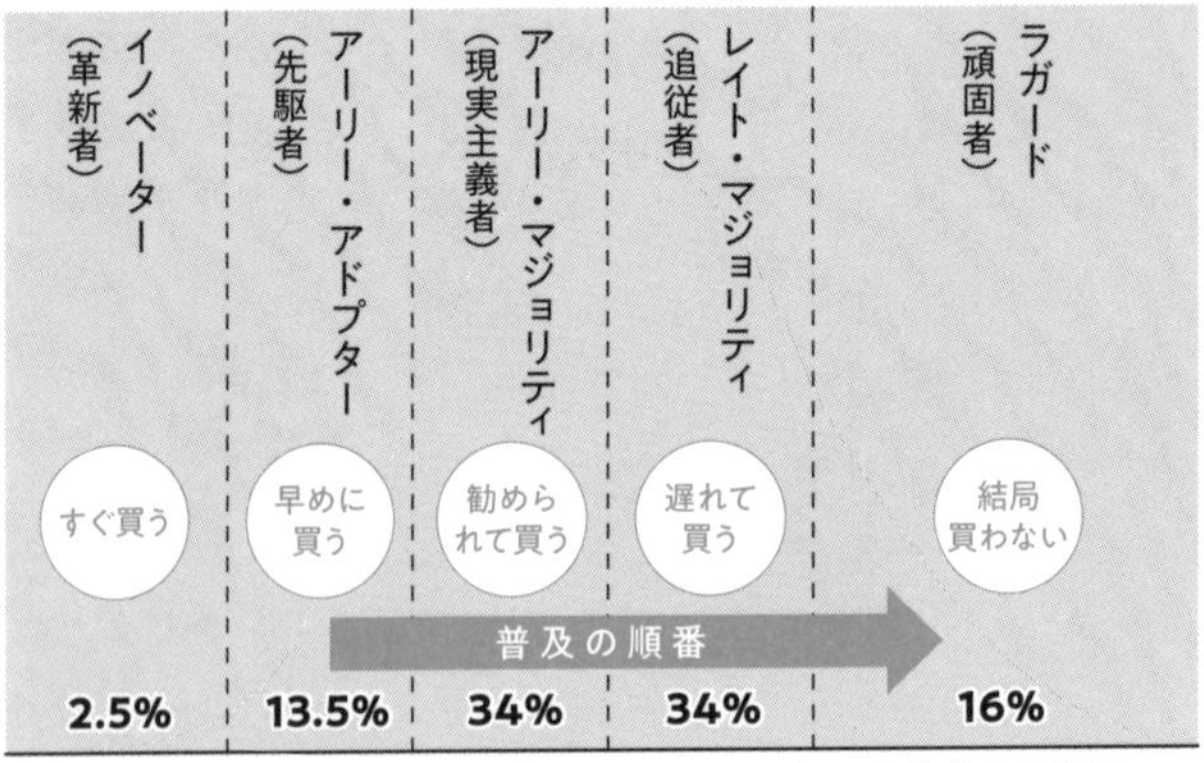
イノベーター（革新者）
アーリー・アドプター（先駆者）
アーリー・マジョリティ（現実主義者）
レイト・マジョリティ（追従者）
ラガード（頑固者）
すぐ買う
早めに買う
勧められて買う
遅れて買う
結局買わない
普及の順番
2.5%
13.5%
34%
34%
16%

「イノベーター理論」における「購入タイミング」で消費者を分類することができます。上の図は「商品をいつ買うか、どのような状況になったら買うか」によって、人々を分類しています。

出典：『世界のエリートが学んでいるMBA必読書50冊を1冊にまとめてみた』（KADOKAWA）を参考に作成

人々は購入時期で5つに分けられる

セグメンテーションには、**「イノベーター理論」を用いて、人々を「購入タイミング」で分ける方法**もあります。

物を買おうとする購入タイミングによって顧客は以下の5つに分けられます。①新しもの好きで発売されたらすぐに買う「イノベーター（革新者）」、②「これ、いいな」と思ったらかなり早い段階で買う「アーリー・アドプター（先駆者）」、③他人からいいと勧められたら買う「アー

POINT

「キャズム＝16%の谷」をいかに越えさせるかがカギ

■ 商品の普及に立ちふさがる「16%の谷」とは？

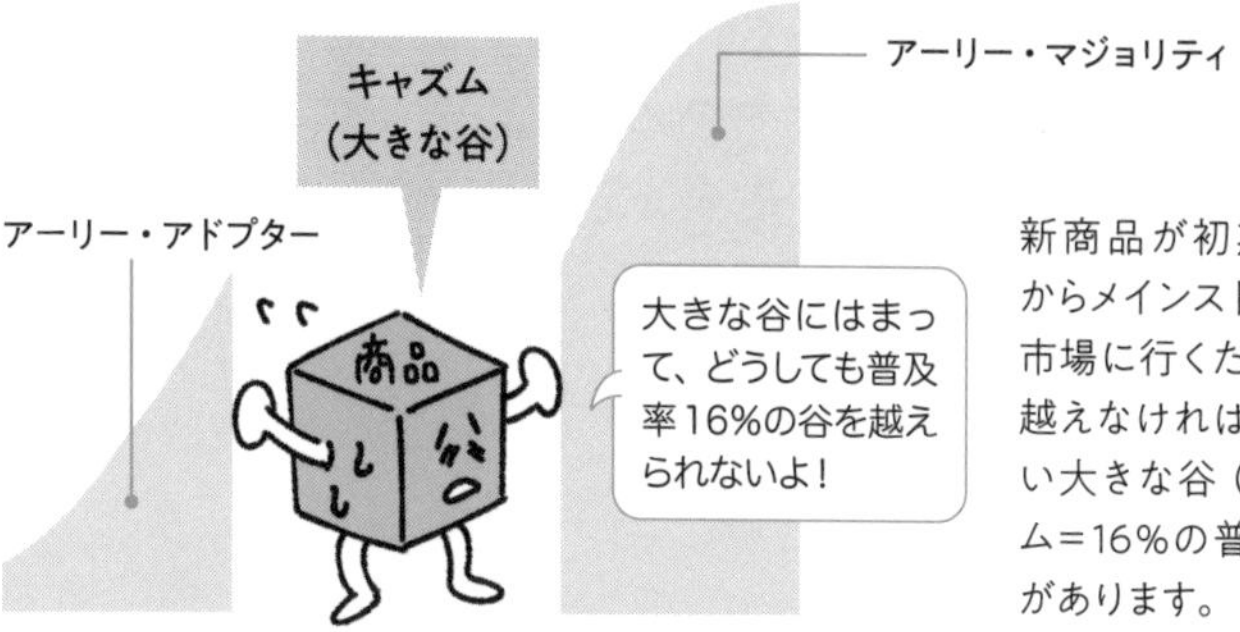
キャズム
（大きな谷）
アーリー・マジョリティ
アーリー・アドプター
大きな谷にはまって、どうしても普及率16%の谷を越えられないよ！

新商品が初期市場からメインストリーム市場に行くためには越えなければならない大きな谷（キャズム＝16%の普及率）があります。

リー・マジョリティ（現実主義者）」、④ほとんどの人が買ってから買う「レイト・マジョリティ（追従者）」、⑤最後まで文句を言い続けた末に結局買わない「ラガード（頑固者）」です。

普及率16%に大きなギャップが存在する

これら5つのタイプの人々の買うタイミングは、商品の普及率と相関しています。どんな商品でもスムーズに普及していけばラガードも買ってくれるかもしれませんが、実はアーリー・アドプター（普及率2・5～16%）とアーリー・マジョリティ（普及率16%～50%）の間には大きなギャップがあり、そこを越えるのがとても難しいのです。この大きなギャップのことを「キャズム（英語で大きな谷の意）」といいます。新商品のマーケティングでは、リスクを嫌って新商品に手を出さない**アーリー・マジョリティまで普及させて、キャズムを越えることがカギ**になります。

KEYWORD
イノベーター理論……新しい商品が人々の間に受容される過程を5つのグループに分類したマーケティング理論。

ベネフィット・セグメンテーションとはどんなものですか？

お答えしましょう！

商品やサービスが「どんな価値を提供できるか」によって市場を細分化する方法です。

■ ベネフィットを用いたセグメンテーション

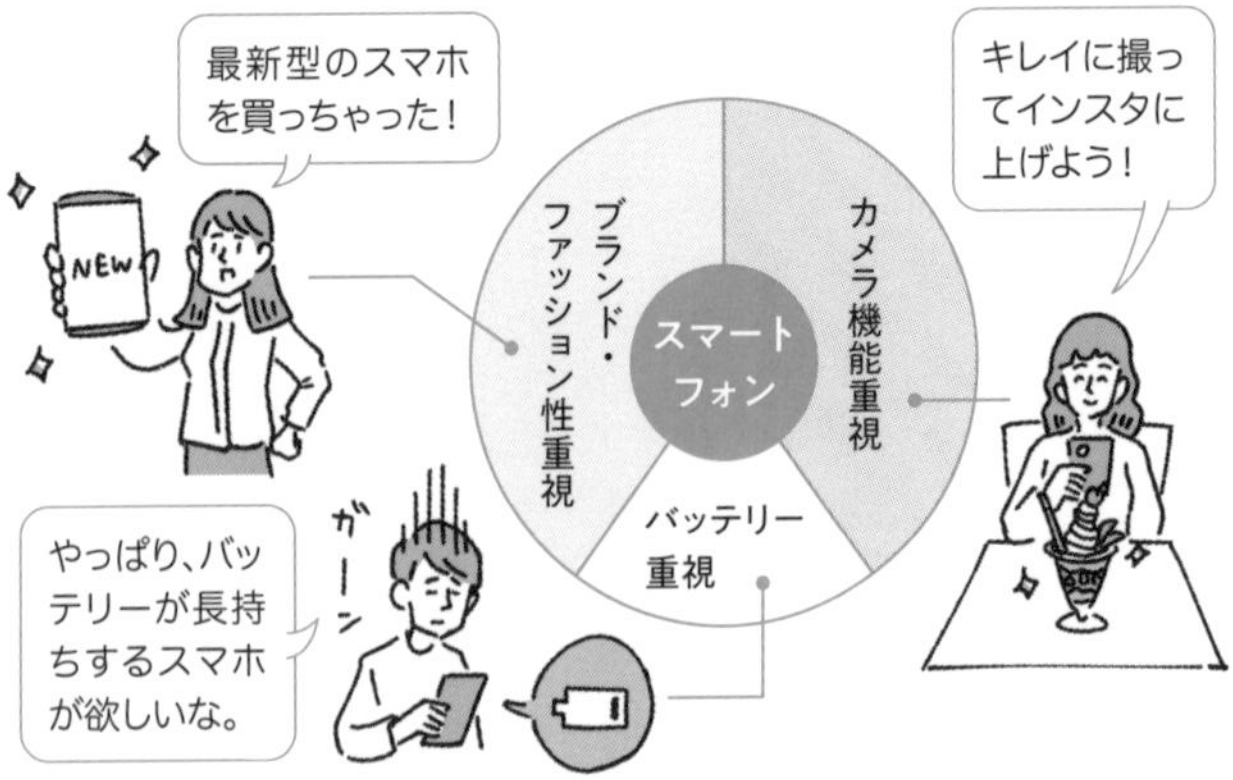
最新型のスマホを買っちゃった！
NEW
キレイに撮ってインスタに上げよう！
ブランド・ファッション性重視
スマートフォン
カメラ機能重視
バッテリー重視
ガーン
やっぱり、バッテリーが長持ちするスマホが欲しいな。

ベネフィット・セグメンテーションとは、ベネフィットによって消費者を細分化することです。ベネフィットとは、顧客の便益、つまり顧客がその商品に何を期待しているかということです。

人はそれぞれ商品に求める価値が違う

セグメンテーションには、もうひとつポピュラーな分け方があります。

それが、ベネフィット・セグメンテーションです。**ベネフィットとは「顧客がその商品から得られる価値」のこと。**

たとえば、「高画質な写真を撮って、それをたくさん保存したい」と思ってスマホを選ぶ人もいれば、「撮影機能はどうでもいいので、長時間バッテリーが持つものがいい」と思って選

POINT

顧客がどんな価値を求めているかで分類して、商品・サービスを創造する

■ベネフィット・セグメンテーションの事例

企業名・製品・ブランド	ベネフィット
QBハウス	カット時間の短縮と費用の削減
BALMUDA《バルミューダ》 The《ザ》 Light《ライト》	子どもたちの目を守る
BIG《ビック》 MAMA《マ マ》	通園バッグなどを代わりに作成

ぶ人もいるでしょう。「とにかく最先端のかっこいいスマホを買って自慢したい！」という人もいます。つまり、商品が提供するベネフィットによって、人々を細分化するのです。

ベネフィットを明確にし確実に売れる商品を作る

ベネフィット・セグメンテーションによるマーケティング例を見ていきます。まず、20ページなどで紹介したQBハウスのベネフィットは「理髪店にかかる時間と費用を削減する」こと。次に、ＢＡＬＭＵＤＡ《バルミューダ》 Ｔｈｅ《ザ》 Ｌｉｇｈｔ《ライト》のベネフィットは「子どもたちの目を守る」ことでした。また、幼稚園等によっては通園バッグを準備する必要があるところもありますが、様々な理由で作れない人がいます。そこで洋服のお直しサービスで有名なＢＩＧ《ビック》・ＭＡＭＡ《マ マ》は「自分で作れない人に代わって、通園バッグを作る」というベネフィットを提供しています。

KEYWORD

ベネフィット……英語で「便益」の意。マーケティングにおいて、その商品やサービスから消費者が得られる利益、価値のこと。

セグメンテーションの効果を最大化させる方法を教えてください!

POINT
セグメンテーションは組み合わせることで威力を発揮する

組み合わせと検証が売上を劇的に伸ばす

これまで紹介してきたセグメンテーションは、複数のものを組み合わせるとより効果的です。

たとえば、**デモグラフィックスとベネフィットを組み合わせる方法があります**。

まず、消費者をデモグラフィックスに基づき、年齢、性別、住んでいるエリア、世帯規模、職業などで分けます。すると、「20代、男性、独身、可処分所得が多い」などのグループを明確にすることができます。その次にそういった消費者のグループごとに求めているベネフィットを探っていくのです。

言い換えれば、**デモグラフィックスのグループごとにベネフィット・セグメンテーションを行う**ということです。こうすることで、より詳細な分析が可能になるのです。

また、セグメンテーションは、以下の5つの条件に合致しているかどうかの検証が重要になります。

①そのセグメント(グループ)の規模や特徴を測定できるかどうかの「**測定可能性**」、②そのセグメントに商品を売ると儲かるかどうかの「**利益確保可能性**」、③そのセグメントに広報・宣伝することができるかどうかの「**到達可能性**」、④その商品をほかの商品と差別化できるかどうかの「**差別化可能性**」、⑤その商品を実際に開発して提供できるかどうかの「**実行可能性**」の5つの条件です。

この5つを満たすセグメンテーションは実効性が高く、成功することが多いのです。

お答えしましょう!

複数のセグメンテーションを組み合わせ、なおかつ5つの条件を検証することでより大きな効果が生まれます。

■デモグラフィックスとベネフィットを組み合わせてセグメンテーションする

20代
女性
会社員
実家住み
→ 自由に使えるお金が多いので、旅費などに消費する傾向に

40代
男性
既婚者
→ 子育て中の人が多いので、子どもの教育に投資を惜しまない

■セグメンテーションの有効性を検証するための5つの条件
(2008年に販売したテスラのセレブ向けスポーツカーEV「ロードスター」の事例)

1 測定可能性

アメリカのセレブの人数や資産は把握できるので、どの程度売れるかは推測可能。

2 利益確保可能性

セレブはいいものにお金を惜しまないので、十分に利益を確保できる。

3 到達可能性

セレブ向けに広報・宣伝すれば、問い合わせが期待できる。

4 差別化可能性

当時はスポーツカーEVが皆無だったので、差別化は可能。

5 実行可能性

イーロン・マスクの指揮のもと、開発・マーケティング・販売が可能に。

「ターゲティング」はどのように行うのですか？

お答えしましょう！

4つのポイントを満たすようにターゲットを選び、商品やサービスを売りましょう。

POINT

勝てるターゲットを選ぶための条件が合っているかを吟味する

■ターゲティングでチェックするべき4つのポイント（テスラの事例①）

1 その市場は十分に大きく、将来性があるかどうか

これからはCO_2を排出しない、環境にやさしい自動車の市場が成長するはず！
CO_2
イーロン・マスク

2 競合他社がいるか、または参入しやすいか

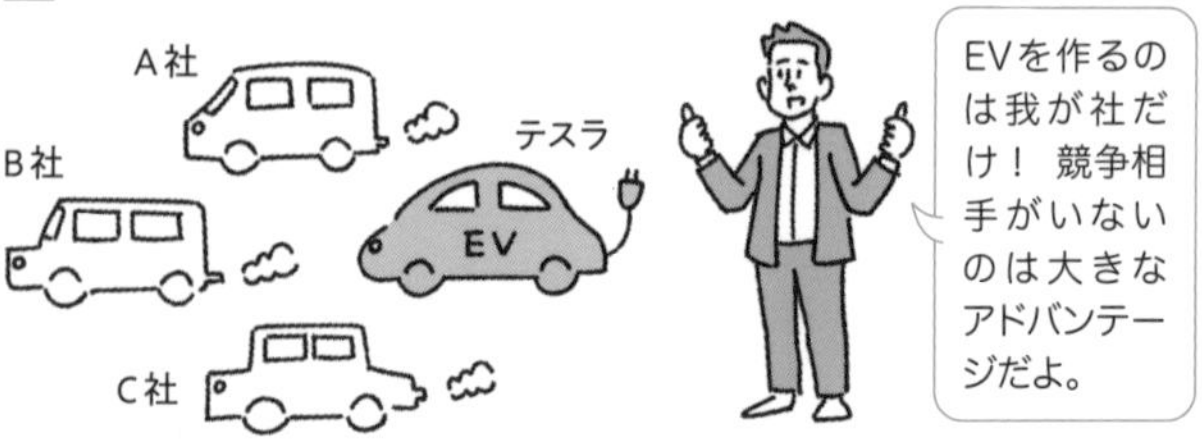
A社
B社
C社
テスラ
EV
EVを作るのは我が社だけ！ 競争相手がいないのは大きなアドバンテージだよ。

セグメンテーションからターゲティングへの流れ

STPの2番目のステップは「ターゲティング」です。

細分化されたセグメントのどれをターゲットにして商品やサービスを売り込んでいくかを決めます。

次の4つのチェック項目を参考に「本当に勝てるターゲット」を選びましょう。ここでは2003年に創業した時に自動車市場の中でEVを選んだテスラを例に取り上げます。

①その市場は十分に大きく、将

■ ターゲティングでチェックするべき4つのポイント（テスラの事例②）

3 顧客の需要がどれだけ強いか

TESLA

買えるまで１年でも２年でも待ちます！
地球にやさしい車をぜひ売ってください。

4 自社の長期的な目的に適っているか、実行可能なリソースがあるかどうか

持続可能なエネルギー ＝ テスラの理念

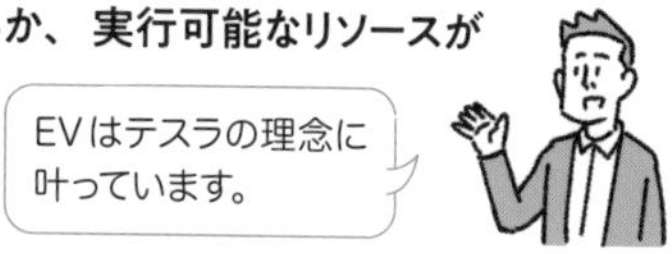
EVはテスラの理念に叶っています。

来性があるかどうか

↓当時のＥＶ市場は小規模でしたが、CO_2排出が問題になり始めており、大きな成長が見込めました。

②競合他社がいるか、または参入しやすいか

↓当時ＥＶ専門メーカーは皆無。未知のセグメントでしたが、テスラには魅力的な競合状況でした。

③顧客の需要がどれだけ強いか

↓需要が強いとセグメントの魅力は増します。テスラへは環境意識が高い顧客の注文が殺到しました。

④自社の長期的な目的に適っているか、実行可能なリソースがあるかどうか

↓テスラを創業したイーロン・マスクは「人類の未来の問題を解決したい」と考え、私財を投入してテスラを立ち上げ、猛烈に働いたそうです。

　こうして自社が勝てる市場をターゲットに選ぶことが成功のカギなのです。

> **KEYWORD**
> **リソース**……資源のこと。主にマーケティングにおいては資金、人材、時間、能力、資材などの経営資源を指す。

知って
おきたい
基本テク
8

「ポジショニング」はどのように行えばいいのですか？

POINT
人間の脳に強く印象づけられるのは「一番」のもの

人々の記憶に残る位置づけを目指そう

STPの最後は「ポジショニング」です。ポジショニングとは、日本語で「位置づけ」のこと。**自社の商品やサービスをどのように位置づけ、他と差別化して、消費者に覚えてもらうか**ということです。

現代に生きる人々は、日々膨大な広告にさらされて生きていますが、そのほとんどの情報は記憶に残っていません。商品のポジショニングに失敗しているからです。それでは、どのような情報が消費者の脳に強く印象づけられるのでしょうか。

答えは「一番乗り」です。たとえば、「日本で一番高い山は？」と質問されたら、日本人なら全員が「富士山！」と即答するでしょう。しかし、「日本で二番目に高い山は？」と質問されたらどうでしょうか。ほとんどの方は答えられないのではないでしょうか（答えは、北岳）。これはビジネスの世界でも同じです。「ハンバーガーチェーンといえば？」「宅配便といえば？」と聞かれたら、すぐに答え（マクドナルドとクロネコヤマト）が頭に思い浮かびますよね。

1969年に世界で初めて「ポジショニング」の概念を提唱した一人のアル・ライズは、**あるカテゴリーで一番乗りを果たした商品やブランドは、人々の記憶に強く残る**と述べています。これこそが最高のポジショニングです。どんな小さな市場でも、カテゴリーでも構いませんから、一番乗りを目指してみましょう。それだけで、消費者の頭の中に確固たる地位を築くことができます。

お答えしましょう!

あるカテゴリーで「一番乗り」を果たせば、それが最強のポジショニングになります!

■ポジショニングとは、自社の商品をどう位置づけるかということ!

ポジショニングマップの例（ホテル・旅館業界）

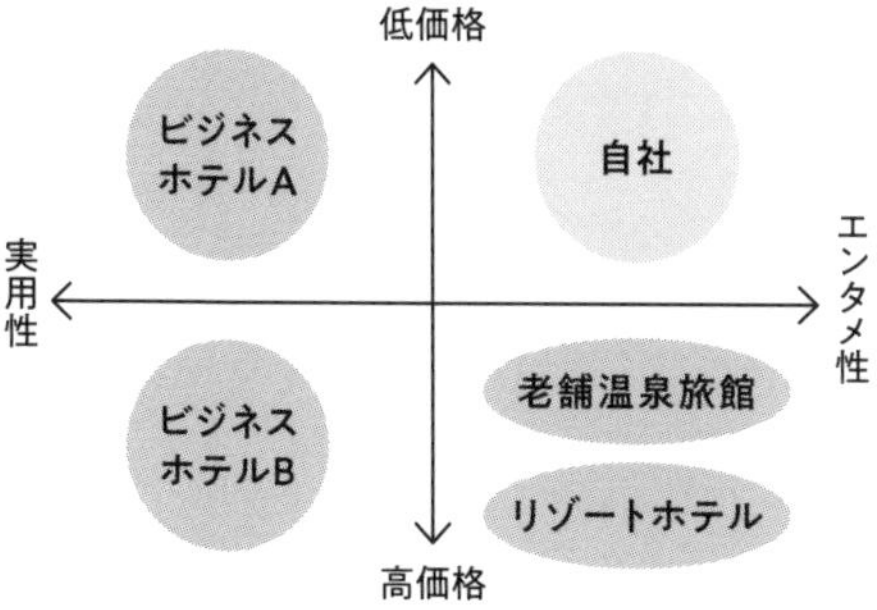

ポジショニングの目的は、自社の商品・サービスを特別な存在として消費者に認知してもらうこと。ポジショニングマップによって視覚的に自社の立ち位置を把握することができます。

■最高のポジショニングのカギは「一番乗り」!

ポジショニングにおいては、まっさらな消費者の脳内に一番乗りを果たすことが重要です。まだ有力な競合他社がいない領域で「一番乗り」してリーダーになれば、消費者の脳内に深く刺さり、市場で優位なポジションを確保できます。

出典：『世界のエリートが学んでいるMBA必読書50冊を1冊にまとめてみた』（KADOKAWA）を参考に作成

KEYWORD

ポジショニング……「STP」におけるPに当たる段階。セグメンテーションとターゲティングを行った上で、自社の商品の立ち位置を決めること。

STPの次に行う「4P」とは何ですか？

POINT

価値を創出して届ける4Pでマーケティングの総仕上げを行う

お答えしましょう!

4Pとは、製品戦略、販売促進戦略、チャネル戦略、価格戦略をまとめたものです。

■ 4つのPを有機的に連携させる「マーケティング・ミックス」

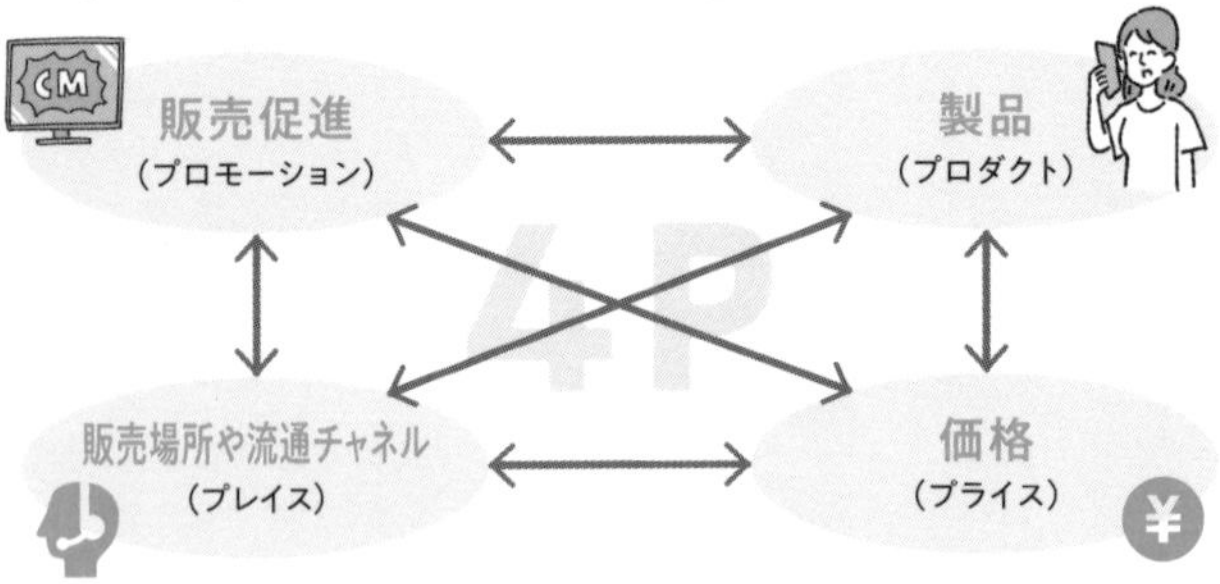

顧客が望む価値を提供する製品（プロダクト）、値ごろ感がある価格（プライス）、価値をタイムリーに届ける流通チャネル（プレイス）、購買意欲を高めるための販売促進（プロモーション）という4つの要素が、お互いに有機的に連携し合うことで、より効果的なマーケティング戦略を展開することができます。

STPが終わったら4Pに取りかかろう

この項目では、4Pとは何なのか、その概要を見ていきます。**4Pとは、製品（プロダクト）、販売促進（プロモーション）、チャネル（プレイス）、価格（プライス）の4つの戦略の頭文字を取った言葉**です。これらはマーケティング戦略を実行する上で不可欠な要素です。

製品は「どんな商品を提供するのか」、販売促進は「どうやって価値を伝えるのか」、チャネルは「どこで商品を買っ

■ 星野リゾートOMOの4Pとは?

製品（プロダクト）	その土地ならではのディープな観光体験ができるエンタメ要素満載のホテル
販売促進（プロモーション）	SNSなどの口コミを活用
チャネル（プレイス）	総合コールセンターや自社ウェブサイトを使った自社直販
価格（プライス）	コンパクトな部屋に複数人が泊まれて、一人7000円というリーズナブルな価格のプラン

てもらうのか」、価格は「いくらで商品を買ってもらうのか」ということになります。

これらの4つの相乗効果により、あなたの商品やサービスは市場で「勝てる」ようになるのです。

星野リゾートのOMOの4P活用例

24ページでも紹介した星野リゾートのブランド、OMOを再び例に取ってみましょう。

OMOは、製品戦略としてコンパクトな部屋で複数人でも宿泊できて、その土地ならではのディープな観光体験ができるパッケージを用意し、プロモーション戦略としては口コミを利用して話題性を高め、チャネル戦略としては総合コールセンターを活用した自社直販、価格戦略は一人7000円という低価格に設定にしています。この4Pはすべての要素が相互に補完し合う関係となっていることがわかると思います。

KEYWORD

4P……別名マーケティング・ミックスとも。マーケティングを成功させる上で重要な4つの戦略の頭文字を取ってこう呼ばれる。

知っておきたい基本テク

10

4Pの製品（プロダクト）は、どのように考えればいいですか？

POINT

コトラーの製品3層モデルを念頭に製品を設計する

同じ製品でも見る人が変われば質が変わる

4Pの1番目のステップは「製品（プロダクト）」です。

自動車メーカーならば「自動車」、映画制作会社ならば「映画」というように、企業の目線から見ると、製品は販売している商品そのものに見えます。

当たり前のことに思えるかもしれませんが、消費者から見ると製品に対するとらえ方は全く変わってきます。

ある消費者は自動車を「足の不自由な家族を送り迎えする乗り物」、別の消費者は「かっこよくて友だちに自慢できるアイテム」ととらえているかもしれません。

つまり、**消費者にとってのプロダクトは、「消費者にもたらす価値**（64ページ参照）**」**なのです。

経営学者のフィリップ・コトラーは、製品を3つのレベルに分けて考えることを提唱しました。

それは、**①製品のベネフィットそのものを表す「製品の中核**（スマホの場合は、コミュニケーションする、娯楽を楽しむ、情報を得るなど）**」、②実際に提供されている製品を表す「製品の実体**（スマホの場合は、スマホという製品そのもの）**」、③ベネフィットを実現するために必要な機能である「製品の付随機能**（スマホの場合は、品質保証やアフターサービスなど）**」**です。

STPで顧客のベネフィットを考え抜いた上で、製品をデザインする際に、消費者にベネフィットを提供するためにはどんなサービスを整備すればいいのか、この3つのレベルで分けて考えることが重要なのです。

お答えしましょう!

製品は3つのレベルに分けて考えることで、消費者が求めているものを生み出すことができます。

■コトラーの「製品3層モデル」(スマートフォンの例)

「製品3層モデル」とは、製品(プロダクト)の構造を3層に分けて整理するフレームワークです。新商品の開発・販売を行うときは、この「製品3層モデル」を使って、多面的な視点から考えましょう。

①製品の中核

(中核となるベネフィット)

- コミュニケーションする(通話して話したり、SNSで人とつながったりする)
- 娯楽性(音楽や動画などを楽しむ)
- 情報を得る(ウェブなどで調べ物ができる)

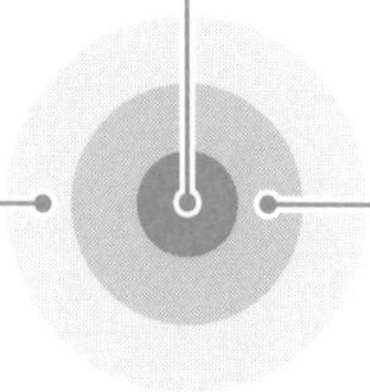

③製品の付随機能

「アフターサービス」や「品質保証」などの各種サービス

②製品の実体

ハードウェアとソフトウェア(インターネットへのアクセス機能や通話機能、カメラ機能、決済機能など)

お客様サービスセンターです。故障のご相談でしょうか?
保証書

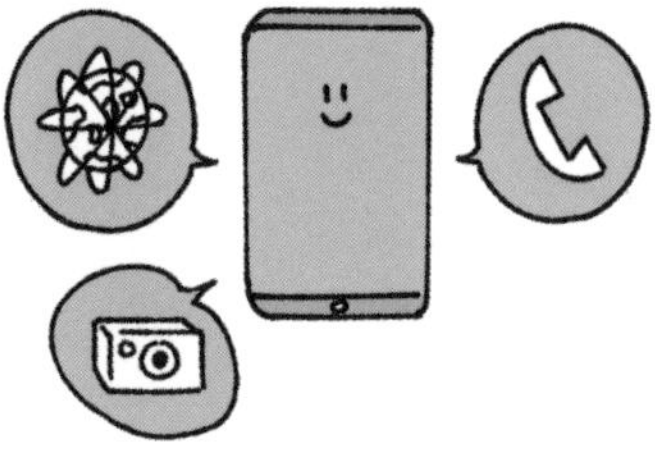

知って
おきたい
基本テク
11

4Pの販売促進（プロモーション）はどのように考えればいいですか？

POINT

販売促進のうち、広告とPRには明確な違いがある

販売促進は広告やCMだけだと思ったら大間違い

4Pの2つ目は販売促進（プロモーション）ですが、ひとつ注意が必要です。販売促進と聞くと、広告を思い浮かべがちですが、販売促進にはいろいろなものが含まれます。

4Pという概念は1960年代に生まれたので、当時の販売促進は広告やCMしかありませんでしたが、現代はSNSや動画投稿サイト、さらに口コミも大きな役割を果たしています。そこで現代では販売促進というよりも**「マーケット・コミュニケーション」**と呼ぶほうが適切です。

マーケット・コミュニケーションは幅広い世界です。ここでは特に広告とPR（パブリック・リレーション）の違いを知っていただきたいと思います。

PRを広告と混同している人は多くいます。広告とは、お金をかけてメディアから広告枠やCM枠を買い取り、伝えたい情報を広く伝える方法です。

一方のPRは、記者会見、ニュース、新聞記事、SNSなどを媒介として、情報を伝える方法です。

広告は企業がその内容を完全にコントロールできるがPRはコントロールができない、広告に対する消費者の信頼度は低いが逆にPRへの信頼度は高い、という違いがあります。

PRは消費者からの信頼度が高いため、ブランドを作る力が強力です。

一方で広告はブランドを作る力は弱いですが、既存のファンの「好き」という感情を強める効果があります。

お答えしましょう!

広告とPRの違いを知った上で、プロモーションに取り組む必要があります。

■ 広告とPRの違い

	広告	PR
❶伝達手段	企業がメディアから広告枠やCM枠を買い取り、その枠で伝えたい情報を伝える  ➡「好き」という感情を強める効果あり	記者会見やテレビ&ネットニュース、新聞記事、SNSなどの媒体を使って、メディア関係者やSNSユーザーに情報を拡散してもらう  ➡ブランドを作る効果あり
❷企業によるコントロール	内容を100%コントロールできる 	内容を100%コントロールできない 
❸費用	お金がかかる ¥	お金がかからない ¥✕
❹信頼度	低い	比較的高い

4Pのチャネル（プレイス）はどのように考えればいいですか？

お答えしましょう！

オンライン販売を前提に顧客にとってわかりやすいチャネルを構築しましょう。

■「どこで商品を売るか」を考えるのがチャネル戦略

SHOP
NET SHOP
うーん。実店舗とオンライン、どちらで売ればいいか迷うわ……。

「どこで商品を売るか」という戦略が、「チャネル戦略」です。リアル店舗とオンラインショップのそれぞれの特性を理解して、戦略を立てるのが重要になります。

実店舗とオンラインには一長一短がある

4Pの3つ目はチャネル（プレイス）です。チャネルとは、消費者が商品を買う窓口（場所）のこと。現代では物理的な窓口だけでなく、オンラインでの販売サイトや店舗以外の販売場所なども含みます。

実店舗での販売には資金、人材、時間が必要ですが、オンライン販売ならそういった手間が少ない半面、インターネット（特にECサイト運営）の知識が必要になります。これらを含めて

POINT
チャネルコンフリクトをいかに解消するかがカギ

■「チャネルコンフリクト」を避ける戦略とは？

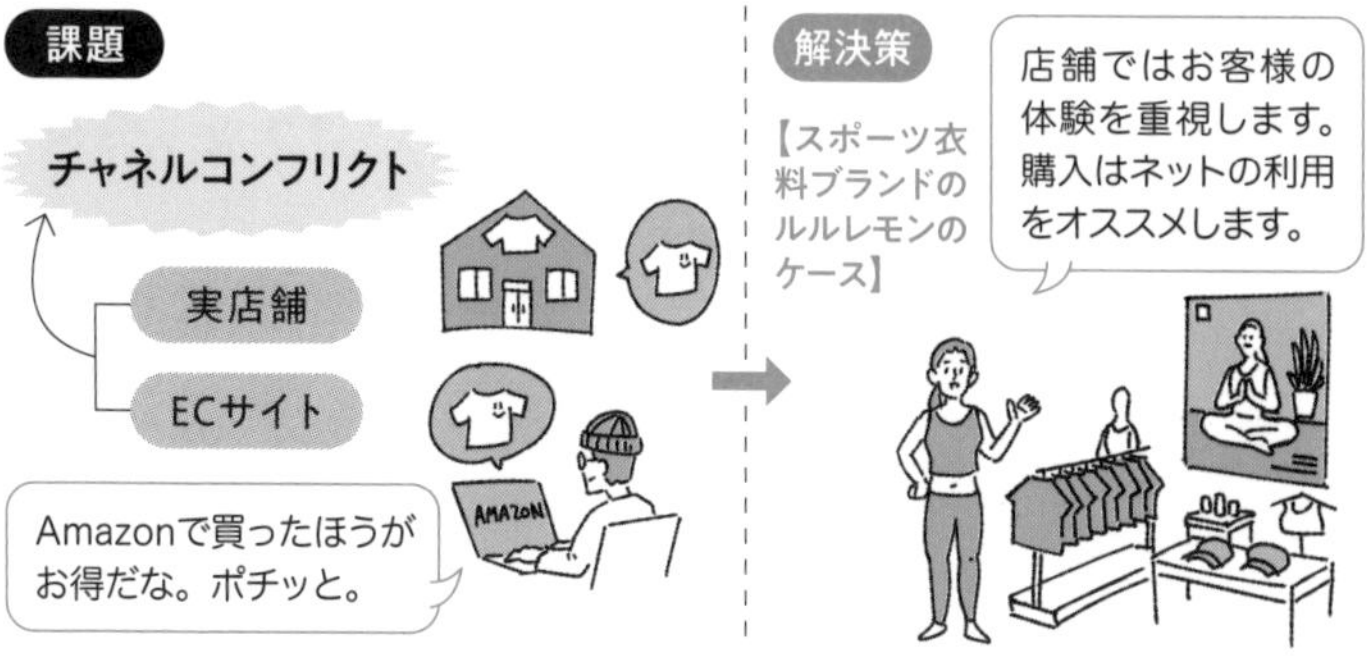
課題
チャネルコンフリクト
実店舗
ECサイト
AMAZON
Amazonで買ったほうがお得だな。ポチッと。
解決策
【スポーツ衣料ブランドのルルレモンのケース】
店舗ではお客様の体験を重視します。購入はネットの利用をオススメします。

「どこで商品を売るか」という戦略を練るのがチャネル戦略になります。

チャネル同士の対立が起きないようにする

チャネル戦略を考える上で、避けては通れないのが「**チャネルコンフリクト**」の問題です。これは、あるチャネルと別のチャネル間でお客さんの奪い合いがおきてしまっている状態のことを指します。たとえば、自社店舗でもAmazonでも同じ商品が売っていて、Amazonのほうが低価格（あるいは同価格）で買える場合、消費者は自社店舗で実物を見てからAmazonで注文するという行動を取りがちです。

現代ではオンライン通販が当たり前になってきていますので、こういった問題が至るところで起きており、できるだけチャネルコンフリクトを回避するような戦略が求められます。

KEYWORD

プレイス……消費者が商品を買う窓口（場所）のこと。4Pが生まれた1960年代は実店舗の窓口で物を買うのが当たり前だったため、場所という意味のプレイスが当てられた。

知って
おきたい
基本テク
13

4Pの価格戦略（プライス）はどのように考えればいいですか？

お答えしましょう！

価格は利益を左右するもの。高すぎても、安すぎてもいけません。

■ 利益を決めるのは価格戦略だが、「価格のプロ」は少ない

4P
製品戦略（Product）
販売促進戦略（Promotion）
チャネル戦略（Place）
価格戦略（Price）
コスト
利益

※4Pの中で利益に関係するのは、価格のみ。

利益 ＝ 販売量 × 価格 － コスト

プロ多数
プロ少数
プロ多数

利益を生むのは価格戦略だけ

4Pの4つ目は「価格（プライス）」です。まずは、利益は**「利益＝販売量×価格－コスト」**という式で決まります。

これらの要素のうち、販売量を増やすプロ（営業など）やコストを減らすプロ（製造や管理など）がたくさんいる一方で、価格のプロが少ないのが現状なのです。そして価格戦略次第で、利益は大きく変わってきます。4Pを見ても利益を生むのは価格戦略だけ。ほかの3つはコスト

POINT

価格設定を間違えると本来売れるはずの商品が売れなくなることも

■価格のプロに学ぶ設定の極意とは？

相手から「この価格なら買う」と言われたら、売るのはやめよう！自分で価格を決められることが大事。
いくらいい商品でも「いいけど高い」は買ってもらえない。「高いけど、さすがだな」は買ってくれる。
稲盛和夫
京セラ創業者
盛田昭夫
ソニー創業者の一人

なのです。

自分で価格を決められるかがカギ

価格のプロの言葉を知ることで、価格戦略の方向性が見えてきます。京セラの創業者の稲盛和夫氏は自著の中で、価格を決める際、「お客様が納得し、喜んで買って下さる最大限の価格」が重要であり、「それよりも低いといくらでも注文が取れるが、それ以上高いと注文が逃げるギリギリの一点で注文を取れ」と述べています。

「この価格なら買う」と言われたら、売るのはやめるそうで、**要は自分で価格を決められることが大切**なのです。

また、18ページで紹介したソニーのウォークマンの事例における「値ごろ感」も価格設定の際には重要になります。

この値ごろ感に関して、ソニーの創業者の一人の盛田昭夫氏は、「いいモノでも『いいけど高い』、これは買わないよ。『高いけど、さすがだな』は買ってくれる。このニュアンスは月とスッポンだぞ。値付けはこの呼吸が勝負なんだ」と述べています。

価格は、消費者の購買行動を左右し、企業の収益にも影響を与える重要な要素なのです。

知って
おきたい
基本テク
14

価格戦略の成功を左右する非合理な人間の心理とはどんなものですか？

POINT

人間は非合理な行動を取るという前提に立って戦略を立てる

非合理な心理を踏まえ価格戦略を検討しよう

価格戦略では、消費者心理を考えることが重要です。多くの人は、「人間は必ず理性的に行動する」という前提に立って消費者の心理を考えますが、現実には人間は必ずしも常に合理的な行動を取るわけではありません。そこで役立つのが、**人間が取る非合理な行動を解明する行動経済学です**。

行動経済学が解明した、経済における人間の非合理的な行動でぜひ覚えていただきたいのが「**プロスペクト理論**」です。これは「損する痛みは、得する喜びよりも大きい」という現象です。2015年、ユニクロが10％値上げした際に値上げ分以上の客離れが起こり、売上が下がりました。翌年、価格を元に戻しても客は戻りませんでした。「値上げは大きな損」と考えて離れた客が、元の価格に戻っても損した感じが残ったためです。特売後に通常価格にすると突然売れなくなるのも同じ現象です。

「**アンカリング効果**」も重要な概念です。これは、人が無意識に最初に見せられた数字に大きく影響させられる現象です。かつて購入したことのあるパソコンが30万円だった場合、その金額がアンカーとなり、目の前で勧められているパソコンが15万円だと安く感じるようになるのです。

人間は価格と品質を結びつけて考えるので、高い物＝よいものだと信じる心理もアンカリング効果です。このことを考慮に入れて価格設定をするべきでしょう。

お答えしましょう！

人間は、プロスペクト理論、アンカリング効果などによって様々な非合理な行動を取ります。

■ プロスペクト理論とは？

電気料金、
30%値下げ
ちょっと、うれしい……。
電気料金、
30%値上げ
超ショック！

人間は得よりも損を過大評価しがちなので、損失を回避するために不合理な行動を取りがち。これを行動経済学では「プロスペクト理論」といいます。

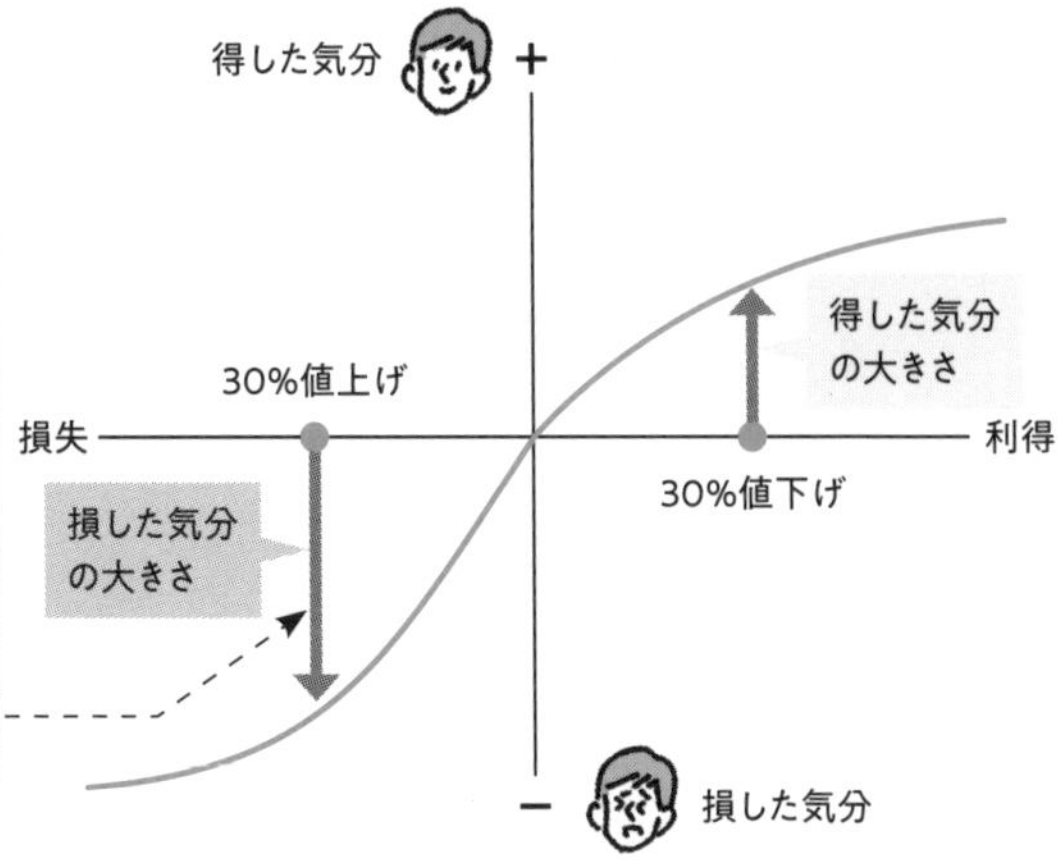

得した気分
＋
損失
利得
30%値上げ
30%値下げ
得した気分の大きさ
損した気分の大きさ
－
損した気分

KEYWORD

プロスペクト理論……人は収益よりも損失に反応しやすく、現実の損得と心理的な損得とが必ずしも一致しないという考え。損失回避性ともいう。

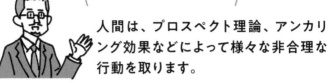

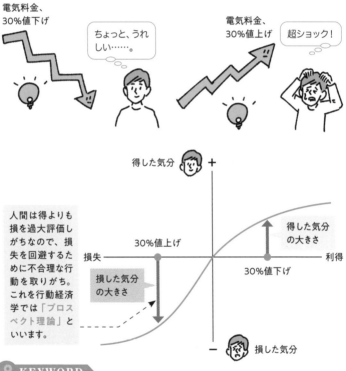

知っておきたい基本テク

15

低価格戦略と高価格戦略はどちらが正しいのですか？

POINT

低価格戦略で勝てるのは業界で1社だけ

低価格か高価格かは総合的に検討するべし

価格設定で、多くの人が悩むのが「低価格戦略と高価格戦略のどちらを選ぶべきか？」という問題です。低価格か高価格かに一度決めたら、それがアンカリング効果によって消費者の頭に固定され、あとから変更できなくなるからです。

低価格戦略は、効率を徹底的に極めて、競争優位性を確保する戦略です。大量生産、コスト削減、さらに仕入れ業者との価格交渉によって低価格を実現することで、市場での価格競争力を高めていきます。

しかし、**低価格で勝負して勝利できるのは、業界で一社だけ**。やるからには「その業界で一番安い圧倒的リーダー」を目指さなければなりません。ちなみに「低価格戦略？ カンタンだよ。値引けばいいんでしょ」と言う人が時々いますが、それは単なる値引きで、戦略でも何でもありません。最悪、会社はつぶれます。

高価格戦略は、高品質やオリジナリティなどの付加価値を提供し、それを求める消費者の需要に応える戦略です。値引きは行いません。

価格戦略の第一人者ハーマン・サイモンは、**高価格戦略で成功している企業のほうが多く、低価格戦略で成功するのは難しい**と述べています。

価格戦略で重要なのは、その戦略が企業のビジネスモデルや市場の需要と合致しているかを見極めることです。競合他社の価格戦略との兼合い、商品の独自性なども考慮に入れて総合的に考える必要があります。

お答えしましょう！

どちらにもメリットとデメリットがありますが、高価格戦略で成功する企業のほうが多いのが現実です。

■ 価格戦略における2つのパターン

高価格戦略
High PRICE
高くして儲けよう。
高品質やオリジナリティなどの付加価値を提供
業界で複数存在することも
低価格戦略
LOW PRICE
安くして儲けるわ。
安さを極める
業界で一社だけ！
低
難易度
高

高価格戦略で勝利するには、対象を絞り込み、顧客に高い価値を提供しなければならないが、低価格戦略に比べて難易度は比較的低い。

低価格戦略で勝利できるのは、その業界で安さを極めた一社だけなので、難易度が高い。

ブランドの価値を高め続けるにはどうしたらいいですか?

お答えしましょう!

ブランドを単なる看板でもロゴでもなく資産価値としてとらえる戦略を立てるべきです。

■「ブランド・エクイティ(ブランド資産)」とは?

商品やビジネスモデルには「模倣リスク」がある。

↓

しかし、企業が築き上げた信頼は簡単には模倣できない。

商品はマネできるけど、"信頼"は模倣できない……。
〇〇会社
商品
信頼

この信頼こそがブランドであり、資産価値がある!

ブランドとは単なる看板ではない!

1980年代、多くの人は「ブランドは看板のようなもの。広告代理店に任せればいい」と考えていました。

ところが、世界的なブランド戦略の大家として知られるデービッド・アーカーは**ブランドを商品や人材と同じく「資産価値」のあるものと考えて、ブランド・エクイティ(ブランド資産)という概念を提唱し、ブランド資産を戦略的に高めることの重要性を強調しました。**

POINT
ブランド戦略の大前提はブランド=資産価値という認識

■「ブランド・エクイティ」を高め続けるのに必要な3つの要素

ブランド認知	ブランド連想	ブランド・ロイヤリティ
ブランドを認知すると、購入時に思い出してもらえる可能性が高まる。	ブランド名を聞いたとき、条件反射的にどんな商品かを連想できる。	そのブランドの熱狂的ファンは、常にそのブランドを選択するようになる。

【無印良品の場合】

悪目立ちしないオシャレな文房具だわ。
ムダを排したシンプルなデザインです。
身の回りの製品はすべて無印良品にするわ。

ブランドは鍾乳洞にたとえられる

商品やビジネスモデルには絶えず「模倣リスク」がつきまといます。しかし、企業が築き上げた信頼は簡単には模倣できません。**この信頼こそがブランドなのです。**

しかし、ブランドは一朝一夕で構築できません。鍾乳洞が石灰を含む地下水の一滴一滴によって長い時間をかけてできるのと同じように、ブランドも企業努力の地道な蓄積の結果、形成されるのです。

また、アーカーは、ブランドの資産価値は、「**ブランド認知**（それがどんなブランドかを消費者に覚えてもらう）」、「**ブランド連想**（ブランド名を聞いたときにすぐにどんな商品かを連想できる）」、「**ブランド・ロイヤリティ**（ブランドを気に入った人が常にそのブランドを選ぶようになる）」の3つによって高め続けられると述べています。

KEYWORD

ブランド・エクイティ……ブランド資産。ブランドが持っている様々な資産価値の集合体。単なるロゴやマークではなく、顧客に選ばれ続ける理由になる見えない資産のこと。

知って
おきたい
基本テク
17

ブランド・アイデンティティを強める4つの視点とは何ですか？

POINT

ブランドをいろいろな視点からとらえることでその価値を高める

「ブランドらしさ」を強めるための視点

前項で紹介したデービッド・アーカーのブランドに対する考え方は、その後「ブランド・エクイティ」という概念から「ブランド・アイデンティティ」という概念に進化していきました。

前者が鍾乳洞でたとえられるようにマーケティングの結果であるのに対して、後者はマーケティングの起点といえます。

ブランド・アイデンティティとは「そのブランドを人々からどう見られたいのか？」という能動的なものであり、「今どう見られているか」という受動的なブランドイメージとは異なるものです。

強いブランド・アイデンティティは、次の4つの視点で作っていきます。

①製品としてのブランド

製品として提供するもの。たとえば褐色のコカ・コーラや、ハーゲンダッツの美味しいバニラアイスクリームなどです。しかし製品だけではいずれ、真似されてしまいます。

②組織としてのブランド

パタゴニアは「故郷である地球を救うためにビジネスを営む」というミッションからブレずに商品を開発、販売しています。このように組織や価値観も、強いブランド・アイデンティティを作ります。

③人としてのブランド

バイクメーカー・ハーレーダビッドソンの熱烈なファンは、その入れ墨を入れるほど、ハーレーを崇拝しています。このように、顧客はブランドをあたかも一つの人格を持つ人間のよう

お答えしましょう!

製品、組織、人、シンボルの4つの視点からブランドをとらえることで、そのブランド・アイデンティティを強めていきます。

■ ブランド・アイデンティティの4つの視点

1 製品としてのブランド
おいしそう!
2 組織としてのブランド
このTシャツのメーカーは環境意識が高いです。
3 人としてのブランド
ハーレー様〜。
4 シンボルとしてのブランド
コーラといえば「赤だね!」
cola

に感じます。

④シンボルとしてのブランド

コカ・コーラの赤色、ポケットモンスターの黄色のように、ブランドを象徴するカラーもシンボルになります。

これら4つの視点でブランドを考えて構築することで、ブランド・アイデンティティを高めることができます。

KEYWORD

アイデンティティ……自己同一性。その人やモノの「らしさ」のこと。その自分らしさを社会から認められていること。

知って
おきたい
基本テク
18

ブランドを構成する「便益」について教えてください!

お答えしましょう!

顧客にとって、そのブランドが提供する利益を明確に具体化したものです。

■ ブランドにおける4つの便益①（無印良品の例）

1 機能的な便益

製品そのものの便利さ

※模倣されやすく、
差別化が困難

シンプルで使いやすい!

2 情緒的な便益

感情における
プラスの影響

こういうシンプルなTシャツは、着ていて気持ちがいい!

顧客にとっての便益を明確化・具体化する

ブランドの資産価値を高め続けるためには、「顧客にとって便利で利益があること」を明確化・具体化する必要があります。これを「便益」といいます。ブランドには、大きく分けて4つの便益があります。

1つ目は「**機能的な便益**」。これは、製品そのものの便利さであり、模倣されやすく、これだけでは差別化が困難なものです。

2つ目は「**情緒的な便益**」。

POINT

ブランドが顧客にもたらす目に見えない利益を明確にする

■ブランドにおける4つの便益②（無印良品の例）

3 自己表現的な便益

この商品を使うと、こんな自分になれる

無印良品に囲まれた生活をしていると、身の丈に合ったシンプルな生活をしている自分になれる……。

4 社会的な便益

社会に対して、役に立っている気分になれる

環境のために貢献している気分になれるわ。
ペットボトルからアルミ缶へ

そのブランドの商品を買ったり持ったりすると「いい気分になる」など、感情的にポジティブな影響を受ける便益です。

3つ目は「**自己表現的な便益**」。たとえば、Apple製品を使っているとクリエイティブな人に見られるのは、まさにこの便益です。

顧客でいることに付加価値を創り出す

4つ目は「**社会的な便益**」。そのブランドの商品を使っていると、社会に対して役に立っている気分になれるとか、そのブランドを愛する人々の一員になっているといった感情を抱くことができる便益のことです。

社会的な便益の例として、一部のブランドでは顧客からの意見を商品開発に活かすことで、顧客でいることに付加価値を創り出すことに成功しています。

ブランド・アイデンティティを構築するためには、「お客様にとって、何が便利なのか？」というブランドの便益を絶えず問い続けることが重要なのです。

KEYWORD

資産価値……財産として評価した価額や市場での取引価格という意味で一般的に使われる言葉。

知って
おきたい
基本テク
19

ブランド・ロイヤリティって何ですか？

お答えしましょう！

そのブランドの商品をすべて欲しくなるほどの「忠誠心」のことです。

■ブランド・ロイヤリティを確立する方法①

ブランド・パーソナリティの明確化（無印良品の例）

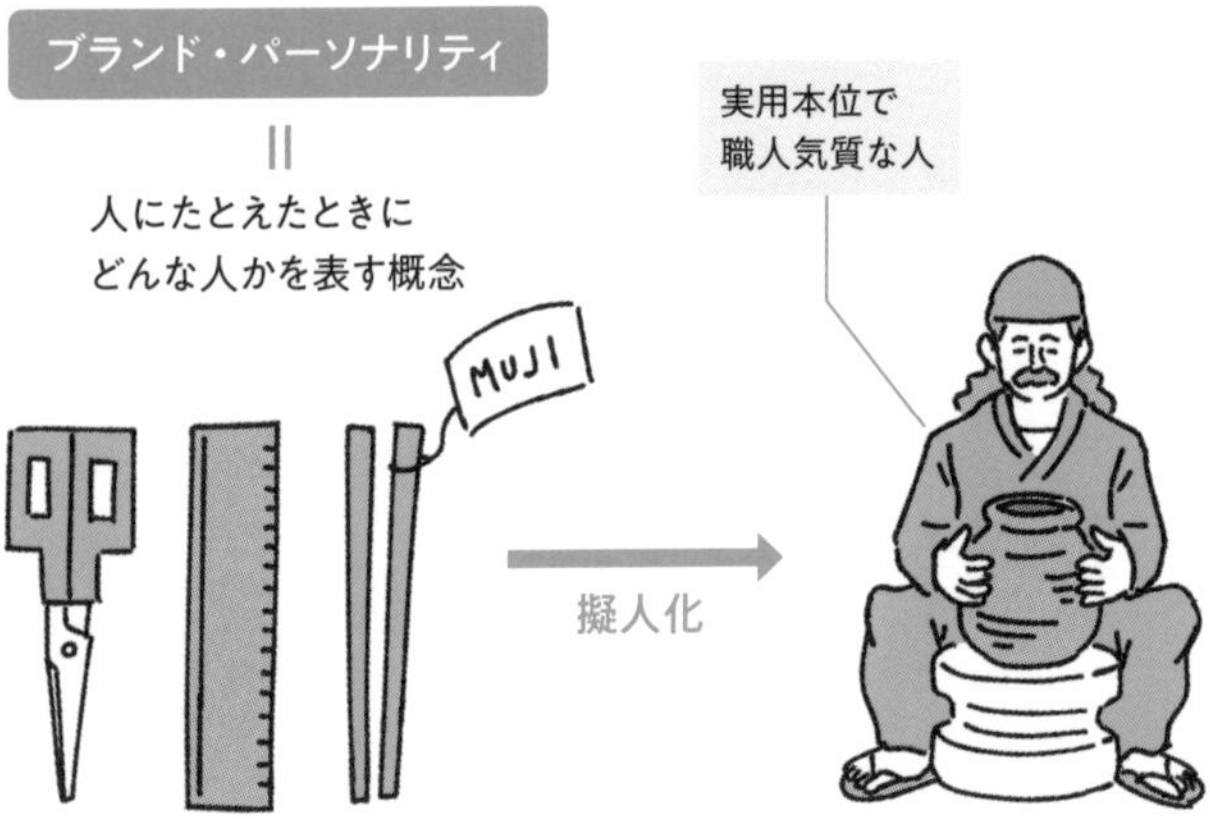
ブランド・パーソナリティ
＝
人にたとえたときに
どんな人かを表す概念
MUJI
擬人化
実用本位で
職人気質な人

ブランドへの忠誠心を育てることの大切さ

87ページで紹介した**ブランド・ロイヤリティ**という概念について、もう少し詳しく説明します。ロイヤリティとは日本語で「忠誠心」です。あるブランドが好きなあまり、自分の持ち物のほとんどすべてをそのブランドで構成したくなる気持ちをいいます。

たとえば、日常的に使うもののほとんど全部を無印良品の商品にしている人、スマホもパソコンもＡｐｐｌｅで統一してい

POINT
ブランドをもっと好きにさせるためには様々な工夫が必要

■ブランド・ロイヤリティを確立する方法②

組織連想の構築（無印良品の例）

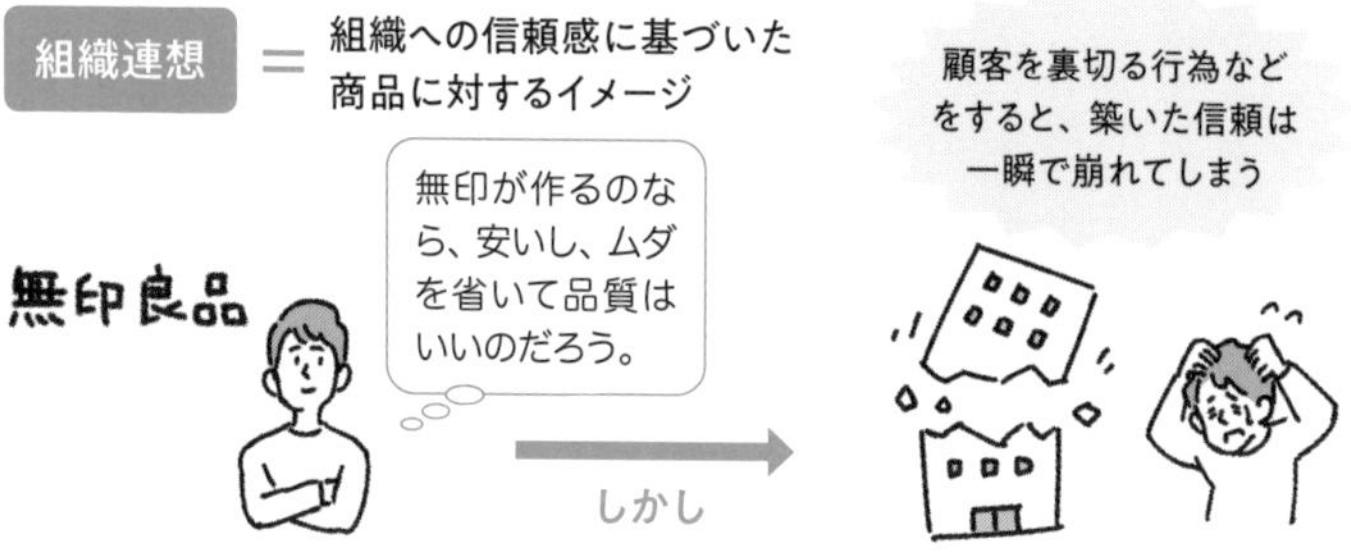
組織連想
＝
組織への信頼感に基づいた商品に対するイメージ
顧客を裏切る行為などをすると、築いた信頼は一瞬で崩れてしまう
無印良品
無印が作るのなら、安いし、ムダを省いて品質はいいのだろう。
しかし

る人といえばわかりやすいのではないでしょうか。

脳内にイメージを定着させ差別化を図る

それでは、ブランド・ロイヤリティを確立するためにはどうしたらいいのでしょうか。それは**ブランド・パーソナリティ**を明確にすることです。ブランド・パーソナリティとはブランドを人にたとえたときにどんな人かを表す概念で、たとえば無印良品なら「実用本位でシンプルなデザインを好む職人気質な人」といった感じです。ブランド・パーソナリティがあると、その人格に共感する人を惹きつけることができます。

さらに、**組織連想**も大切です。組織連想とは、たとえば「無印が作るのなら、コストは抑えながらも、ムダを省いて品質はいいのだろう」といったように、その企業を思い浮かべたときに組織への信頼感に基づいて商品へのポジティブなイメージが連想されることです。

KEYWORD

パーソナリティ……人格。ブランドを人にたとえた時にイメージされる人格をブランド・パーソナリティと呼ぶ。

プロモーション……………56ページ
商品やサービスを広く認知させ、購入に結びつけるための活動。広報活動や購買誘導など、顧客との信頼関係を築くための取り組みも含む。

デモグラフィックス…………60ページ
消費者を属性に基づいて分析する際に、性別、年齢、所得、居住地域などの測定しやすい変数を基に市場を分類する方法。

キャズム……………………63ページ
新商品やサービスが市場に普及する際の普及の壁のこと。「大きな谷」という意味で、アーリー・アドプターとアーリー・マジョリティの間を隔てる。

マーケティング・ミックス……73ページ
マーケティング戦略を実行するための4つの戦略をまとめたもの。具体的には製品、販売促進、価格、チャネル戦略の組み合わせ。英語の頭文字を取って4Pとも呼ぶ。

チャネルコンフリクト………79ページ
チャネル内での企業間の対立や衝突。または企業内での別チャネルにおける対立や衝突。小売業者同士の対立や、既存チャネルと新規チャネル間の対立が挙げられる。

アンカリング効果……………82ページ
最初に手にした情報や経験が、後の判断や感情に影響を与える現象。行動経済学により解明された。

ブランド・ロイヤリティ………87ページ
特定のブランドに対する強い愛着と忠誠心。ブランドへの深い結びつきを示すもので、ブランドロイヤリティを持つ顧客は、同じブランドの商品を選び続ける。

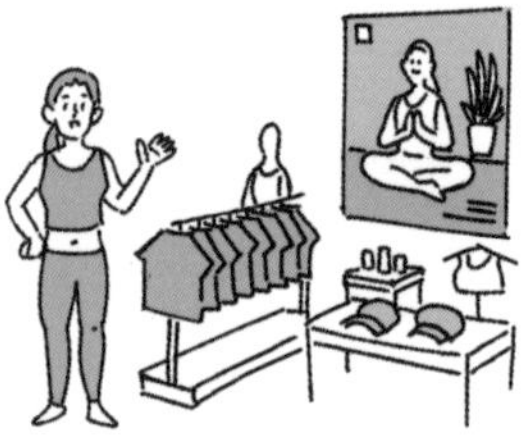

第**3**章

あの企業も使っている有名な理論・戦略が知りたい！

マーケティングの基本テクニックがわかったところで、本章ではマーケティングの有名な理論や戦略について学んでいきましょう。明日から使えるものばかりですよ。

有名理論&戦略を知る

1

市場シェアによって戦略はどのように変えるべきなのでしょうか？

POINT

強者には強者の、弱者には弱者の、それぞれの戦い方がある

4つのタイプを理解し賢く立ち回るべし！

ある市場のシェアで、A社が40%、B社が30%、C社が20%、D社が10%だったとします。この場合、マーケティングではシェア1位のA社を「**リーダー**」、2位のB社を「**チャレンジャー**」、3位のC社を「**フォロワー**」、4位のD社を「**ニッチャー**」と呼びます。

「リーダー」は、価格変更や新製品の導入などによって市場の主導権を握ります。市場が拡大すればもっとも利益を得られますが、サル山のボスと同じで常にナンバー2から地位を狙われているため、2番手の動きを注視し、シェアを奪われるような攻撃を察したら相手を徹底的に排除するのが基本戦略です。

「チャレンジャー」は、2番手なのでリーダーに比べて利益は少ない一方、大きな強みとして「後発の利」があります。たとえば、宅配便業界ではヤマト運輸が宅配ビジネスを開拓したリーダーですが、後発の佐川急便は料金面で差別化したほか、近年は個人への配送よりも「物流事業者」としての面を強めたことで収益率を大幅に上げました。

「フォロワー」は、リーダーとの直接対決を避けながら力を蓄えていきます。新商品開発などの大きな投資はリーダーに任せ、少ない投資で確実に商品を売っていく戦略をとります。

「ニッチャー」は、大きな市場のシェア争いから一歩離れて独自路線を進みます。シェアは大きくないが確実に需要があるという小さな市場を狙い、競合が入り込めない「ニッチ市場の絶対王者」を目指します。

お答えしましょう!

リーダー、チャレンジャー、フォロワー、ニッチャーの4つのタイプによって戦い方を変えます。

■ 市場シェアによって企業の戦略は4つに分けられる

シェアNO.1
シェアNO.2
シェアNO.3
シェアNO.4
リーダー
チャレンジャー
フォロワー
ニッチャー
市場の主導権を握りながら2番手を排除する
1番手になるためにリーダーより優位な商品や、サービスの差別化を図る
トップ争いに参加せず、確実に商品を売っていく
小さな市場を狙って独自路線を進む
豊富な商品展開で市場を独占する
リーダー企業の弱点を突く
NEW
リーダー企業の真似をしながら追従する
定番
専門化して付加価値を持たせる
ニッチ
リーダー
チャレンジャー
フォロワー
ニッチャー

KEYWORD

市場シェア……特定の市場における企業の商品やサービス等が占める割合を指す。算出方法は「自社のサービスや商品の売上金額」÷「市場全体の売上金額」×100%。

有名理論&戦略を知る

2

ブルーオーシャン戦略とはどんなものなのでしょうか?

POINT

差別化と低コストを両立して新市場を生み出していく

消耗戦の「赤い海」から争いのない「青い海」へ

人気のある商品やサービスの市場は参入する企業が多く、競争が激化していきます。

価格やサービスで争う消耗戦を繰り広げることになり、そうした市場はサメが限られた小魚を食い合って海面が血に染まり、血の臭いに釣られて、またサメが引き寄せられる様にたとえられて「**レッドオーシャン**」と呼ばれます。

このような市場に入り込むと、争いに巻き込まれて痛手を負うことになります。

そんな血の海を避けて、まだサメのいない青い海、つまり未開拓の市場を作り出すのが「**ブルーオーシャン戦略**」です。

徹底した差別化と低コスト化を追求し、ライバルが参入できない市場にすることが、この戦略の肝となっています。

ブルーオーシャン戦略の成功例としては、20ページでも紹介したQBハウスが挙げられます。QBハウスは、通常の理髪店では当たり前だった予約や洗髪といったサービスをやめ、整髪などの各種サービスも簡略化し、その代わりに低料金を実現させ、カット時間や待ち時間も短縮させました。

結果、同業他社との大きな差別化に成功し、「早く、安く髪を切りたい」という潜在的需要を独占。格安カットに特化した設備に投資することでライバルの参入を防ぎ、ブルーオーシャン戦略を続けています。

しかし、ブルーオーシャンのレッドオーシャン化は遅かれ早かれ必ず起きるので、注視が必要です。

お答えしましょう!

ライバル同士が激しく争っている「レッドオーシャン」を避け、ライバル不在の市場を生み出すことです。

■争いの少ないブルーオーシャンを狙う

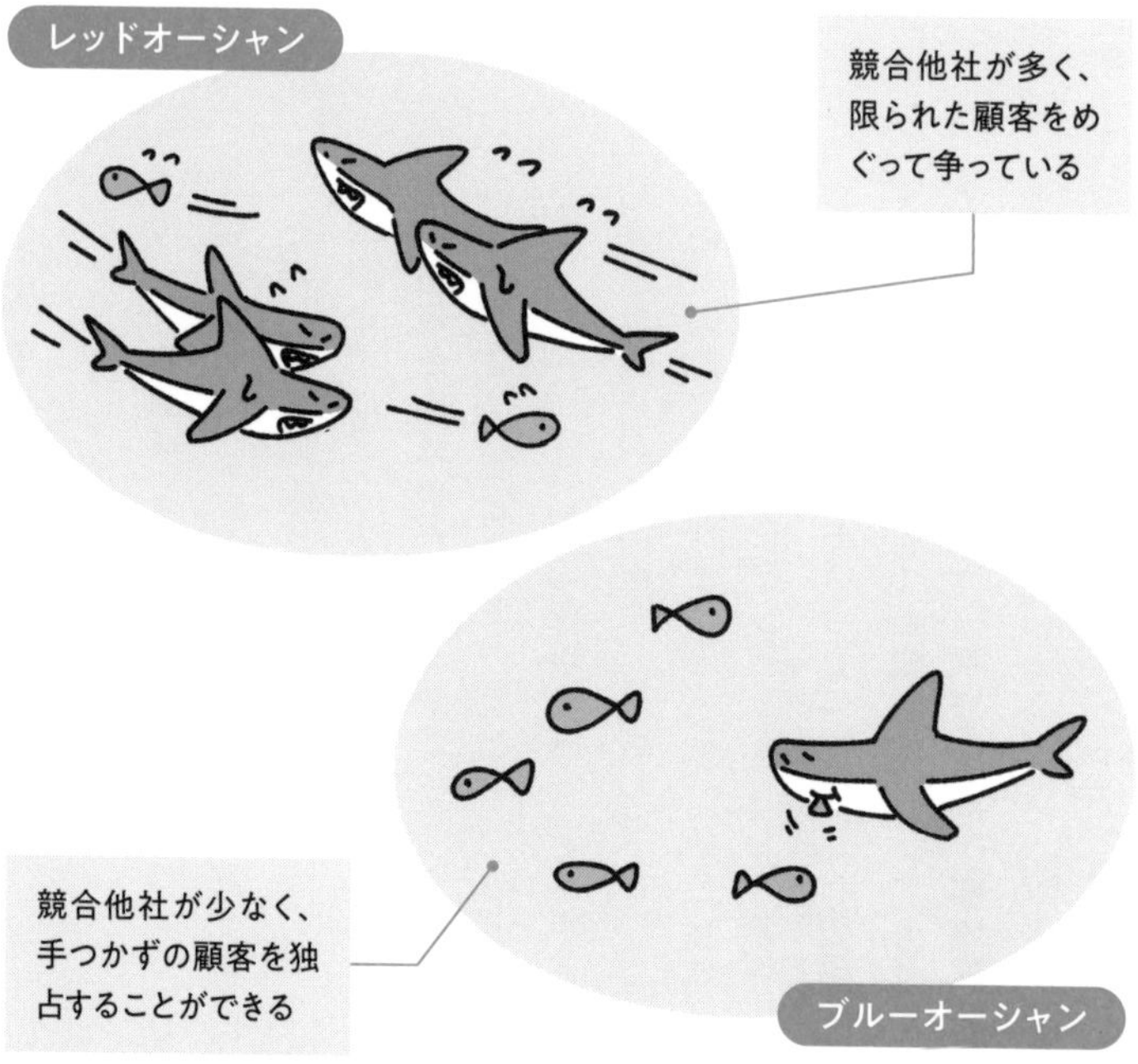

レッドオーシャン
競合他社が多く、限られた顧客をめぐって争っている
競合他社が少なく、手つかずの顧客を独占することができる
ブルーオーシャン

KEYWORD

ブルーオーシャン……競争相手のいない「穏やかな青い海」のような市場で、独自の発想や自由なアイデアから生まれる。

「顧客満足」を実現するためにはどうしたらいいのでしょうか？

POINT
素晴らしい顧客体験は模倣が難しく、強力な武器になる

顧客満足には期待を上回る体験が大事

顧客満足が向上すると、お客さんの商品やサービスに対する愛着や信頼度が高まり、結果的に売上や利益の拡大が期待できます。では、どのように顧客満足を実現させたらいいのでしょうか。

その具体的な方法は「**顧客満足＝提供価値－事前期待**」という式によって表すことができます。提供価値が事前の期待を下回ればお客さんは不満を感じ、期待を上回れば満足度が高まりといえます。ある意味では単純な図式といえます。

ただ、顧客満足を向上させるのは簡単ではありません。お客さんの視点に立った、細やかな心遣いがなければできないことです。たとえば、ある旅館に宿泊するためにバスに乗り、最寄りのバス停で降りたところ、そこで宿の人が「そろそろ来られるころかと思ってお待ちしていました」と出迎えてくれた……といったサプライズがあったら、満足度が高まるでしょう。

また、ある大手ゲームメーカーは、故障したゲーム機の修理で新品交換になった際、故障したゲーム機に子どもが貼っていたシールと同じシールを同じように交換品に貼り、なおかつ修理費を無料にしたというエピソードが大きな話題になりました。このような対応をされた子どもは、ずっとそのメーカーのファンでいることでしょう。

製品の機能はすぐに真似されてしまいますが、**素晴らしい顧客体験は同業他社が容易に模倣できません。強力な差別化の手段**になります。

お答えしましょう！

期待を上回る体験を提供することができれば、顧客の満足度はアップします。

■ 価値が事前の期待を上回れば顧客は満足する

顧客満足

顧客満足＝提供価値－事前期待

例1

まさかここまで迎えにきてくれるとは！
ONSEN

最寄りのバス停まで送迎する。細やかな心遣いで価値を上げている

例2

壊れたゲーム機に貼ってあったシールを同じ場所に移しつつ、修理費は無料。ひとつ上のアフターケアを行うことで価値を上げている

KEYWORD

顧客満足……商品の購入時やサービスの利用時に感じる何らかの満足感のことで、消費者満足、お客様満足とも呼ばれ、売上・利益拡大のポイントになる。

マーケティングにおいて世の中の動きを分析する必要はありますか？

POINT

「PEST分析」はあくまで自社への影響を知ることが目的

政治・経済・社会・技術 4つの分野の変化を分析

世の中の動きを分析する方法が「**PEST《ペスト》分析**」です。PESTは政治（ポリティクス）、経済（エコノミクス）、社会（ソサエティ）、技術（テクノロジー）の英語の頭文字を取ったもので、自社のビジネスに関連することをこの4つの切り口で分析します。

「政治」の観点でいえば、かつては「グローバル化が進む」と盛んにいわれていましたが、2020年からのコロナ禍によって一変しました。コロナ禍が収まってきたことで再び海外への行き来が増えてきましたが、政治面の動きはマーケティングにも大きく影響するので分析する必要があるのです。

「経済」でいえば、日本は少子高齢化が進んでいるので、海外市場を視野に入れないと今後は厳しくなるかもしれません。

「社会」から分析すると、ひとつの会社に勤め続ける時代ではなくなってきたため、常にスキルのアップデートが不可欠になり、ビジネスパーソンの武器として「経営戦略スキル」を学ぶ必要性が高まりました。

「技術」においては、たとえば対面研修をオンライン研修に切り替えることで、コスト削減と受講者の利便性向上を両立させることができるようになりました。

こうして世の中の動きの中から自社のビジネスに関連することを中心に分析していくと、**意外なチャンスやリスクに気づくことがあります**。さらに、最近は「環境（エコロジー）」を追加した「PESTE《ペステ》分析」も行われています。

お答えしましょう！

「PEST分析」で世の中の動きを把握すべきです。自社のビジネスに関連することを中心に分析してみましょう。

■ 4つの切り口から世の中の動きを把握する

P 政治 (Politics《ポリティクス》)

ビジネスにかかわる法律の規制や緩和、政治動向など

E 経済 (Economics《エコノミクス》)

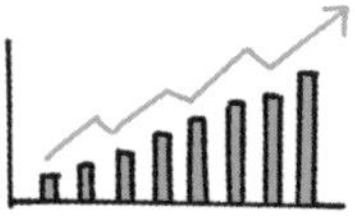

物価や景気、GDP成長率など

S 社会 (Society《ソサエティ》)

ライフスタイルや流行、環境の変化

T 技術 (Technology《テクノロジー》)

ビジネスにかかわる新しい技術など

社会から地球環境などの自然やエネルギーをエコロジー (Ecology) として独立追加させ、PESTE分析とすることもあります。

KEYWORD

PEST分析 …… 自社では制御することができない外部環境を政治、経済、社会、技術の4つの要因に分類し、それらが自社のビジネスに与える影響を読み解く分析手法。

ビジネスで自社の立ち位置を知るためにはどのようにすればいいのでしょうか？

POINT
3C分析は、顧客→競合→自社の順番で分析していく

3C分析をすることで自社の方向性を見出せる

PEST分析は大きな視点で外部環境を分析しますが、**私たちのビジネスにとって身近な視点で分析するのが「3C分析」**です。「3C」は、顧客（カスタマー）、競合（コンペティター）、自社（カンパニー）の英語の頭文字から3つのCを取ったものです。

ビジネスでは、ひたすらに商品開発したり、「お客様は神様です！」と顧客以外を軽視したり、「ライバルに差をつけろ！」と競合しか見えていなかったりと、偏った状況に陥りがちです。そこで、バランスよくビジネス環境を見る方法が「3C分析」です。分析の順番は顧客→競合→自社がオススメです。自社のことは意外と自分で見えませんが、顧客や競合など外部の状況がわかれば自社を客観的に見られるからです。

まずは「顧客」について、何を重視し、どんな悩みや欲求があり、どんな購買行動をするのかを把握し、市場の規模や成長性も分析することで「どんな顧客を相手にしているのか」という全体像を理解します。

次に「競合」は、ライバルの数や、それぞれの強み・弱み、戦略、新たなライバルの市場への新規参入の難易度などを分析します。隙がないと思っていたライバルでも、冷静に分析すると意外な弱点があるものです。

最後に「自社」です。顧客や競合の分析を踏まえた上で、自社の強み・弱み・戦略を客観的に分析すると、今後どのようにライバルと競うべきか、どんな市場を開拓すべきかといった方向性が見えてきます。

お答えしましょう！

バランスよくビジネス環境の全体像を分析し、自社の立ち位置を把握するためには「3C分析」が有効です。

■ 3つの視点から自社の状況を分析

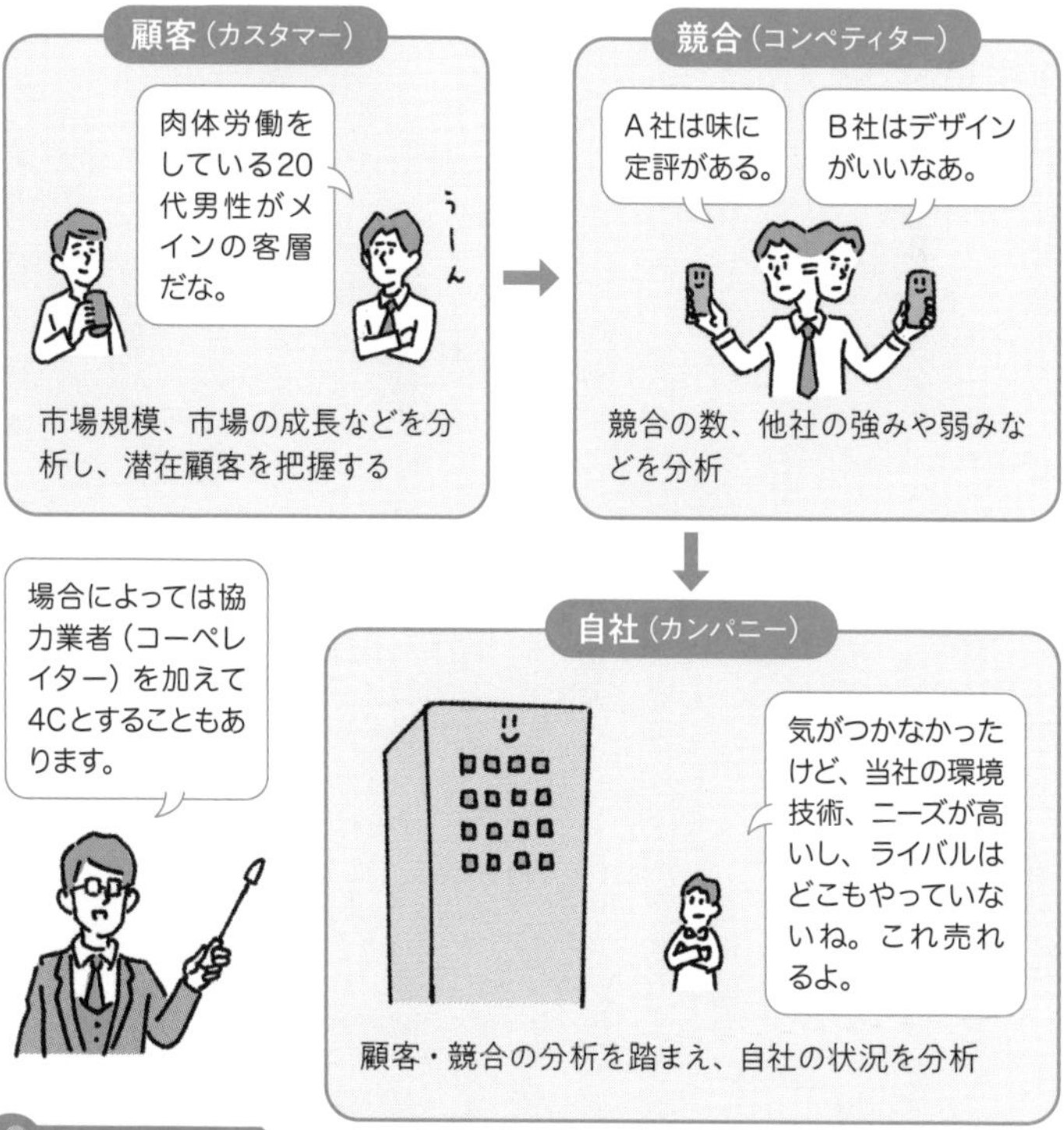

顧客（カスタマー）
肉体労働をしている20代男性がメインの客層だな。
うーん
市場規模、市場の成長などを分析し、潜在顧客を把握する
競合（コンペティター）
A社は味に定評がある。
B社はデザインがいいなあ。
競合の数、他社の強みや弱みなどを分析
自社（カンパニー）
気がつかなかったけど、当社の環境技術、ニーズが高いし、ライバルはどこもやっていないね。これ売れるよ。
顧客・競合の分析を踏まえ、自社の状況を分析
場合によっては協力業者（コーペレイター）を加えて4Cとすることもあります。

KEYWORD

3C分析……マーケティング戦略や顧客ニーズを考える際に必要なフレームワークのひとつで、客観的かつ多面的な分析によって成功要因を見出すための手法。

有名理論&
戦略を知る
6

自社の強みと弱みをどちらも活かす都合のいい方法なんてないですよね？

POINT
「残念なSWOT分析」にならないように注意

SWOT分析は掛け算で真価を発揮する

自社の強みを活かし、さらに弱みまで活かす戦略があれば、勝つ確率は大きく高まります。その手段を見つける方法が「**SWOT《スウォット》分析**」です。

「SWOT」は、強み（ストレングス）、弱み（ウィークネス）、機会（オポチュニティ）、脅威（スレット）の英語の頭文字を取ったもので、まずは内部環境（強み・弱み）と外部環境（機会・脅威）を分析します。

たとえば、米テスラの創業当時の「強み」はイーロン・マスクをはじめ、テクノロジーに強い人材がそろっている、「弱み」は実績がない、「機会」はEV市場の成長が期待できる、「脅威」は当時EV市場は存在していないも同然、となります。ただし、列挙したのみでは効果はなく、これだけだと「残念なSWOT分析」となります。

そこでぜひ活用していただきたいのが**クロスSWOT分析**です。テスラは、「強み×機会」で「ソフトウェア技術でEVの新基準確立」という「強みを活かす戦略」を考えました。

同様に「強み×脅威」の「脅威を機会に変える戦略」は少ない売上でも市場を独占できること、同様に「弱み×機会」は自由に大手自動車会社と提携できること、「弱み×脅威」は、ビジネスが軌道に乗るまで資金を用意することが戦略になります。

このようにして、強みと弱みを活かす方法を見つけるのです。ただし、**憶測や先入観でSWOT分析をすると成果が出ません**。事実を見極めることが重要です。

お答えしましょう!

実はあります。「SWOT分析」によって強み・弱み・機会・脅威を洗い出し、それを掛け算することです。

■ クロスSWOT分析で、強みと弱みを活かす

2003年、テスラ創業時のクロスSWOT分析	**機会**《オポチュニティ》（Opportunity） EV市場の成長が期待できる	**脅威**《スレット》（Threat） 当時EV市場は存在しないも同然
強み《ストレングス》（Strength） テクノロジーに強い人材がそろっている	強みを活かす戦略 ソフトウェア技術で、EVの新基準を確立できる	脅威を機会に変える戦略 少ない売上でも市場を独占できる
弱み《ウィークネス》（Weakness） 創業したてで実績がない	弱みを強みに変える戦略 しがらみがないので大手自動車会社と自由に提携する	最悪状態を回避する戦略 軌道に乗るまでの資金を用意する

SWOT分析の4つの事象を掛け合わせて分析するのがクロスSWOT分析です。

KEYWORD

SWOT分析……強み・弱み・機会・脅威の4要素から自社を取り巻く環境を分析する方法。

新しいビジネスを立ち上げる際、成功する効果的な方法はありますか？

顧客からの「学び」が新ビジネスを生み出す

従来のビジネス立ち上げでは、商品やサービスを時間とお金をかけて作りこんでいました。でも、売り始めたら、売れないということもよくありました。そこで、「**作りこむ前に売れるか確かめてから、ちゃんと作ろう**」というのが、**リーン・スタートアップ**という考え方です。顧客が必要とする「実用上最小限の機能を持った製品」を素早く作り、顧客の反応から得た「学び」を重ねて検証・改善を繰り返していきます。この手法の根幹には「**顧客にメリットを提供しない活動はすべてムダ**」という考えがあり、顧客が何を求めているのかを重視し、ムダを徹底的に省きます。

アメリカにザッポスというオンライン靴販売店があります。1999年の創業当時、試し履きをするのが当たり前の靴をオンラインで購入する人はいませんでした。ザッポスが近所の靴屋で許可をもらって商品の写真を撮り、簡単なウェブサイトで売ると、注文が入りました。価格を変えると売れ行きがどう変わるのか、どう返品したら顧客の満足につながるのかといったことを学んでいき、改善を繰り返し、ザッポスは急成長。通販大手Ａｍａｚｏｎに巨額で買収されました。

もし、「立派なサイトを作ってからビジネスを始めよう」と考えたら、サイト制作期間の学びはゼロで、ムダな時間になります。学びと改善のサイクルをより早め、顧客からの学びをより多く蓄積していくことが重要なのです。

POINT
顧客からの学びを重視し、地道に改善を続けていくことが大事

お答えしましょう!

顧客からの「学び」を重視し、ムダを省いて改善を繰り返す「リーン・スタートアップ」という手法があります。

■ 最低限のサービスから改善を重ねてムダを省く

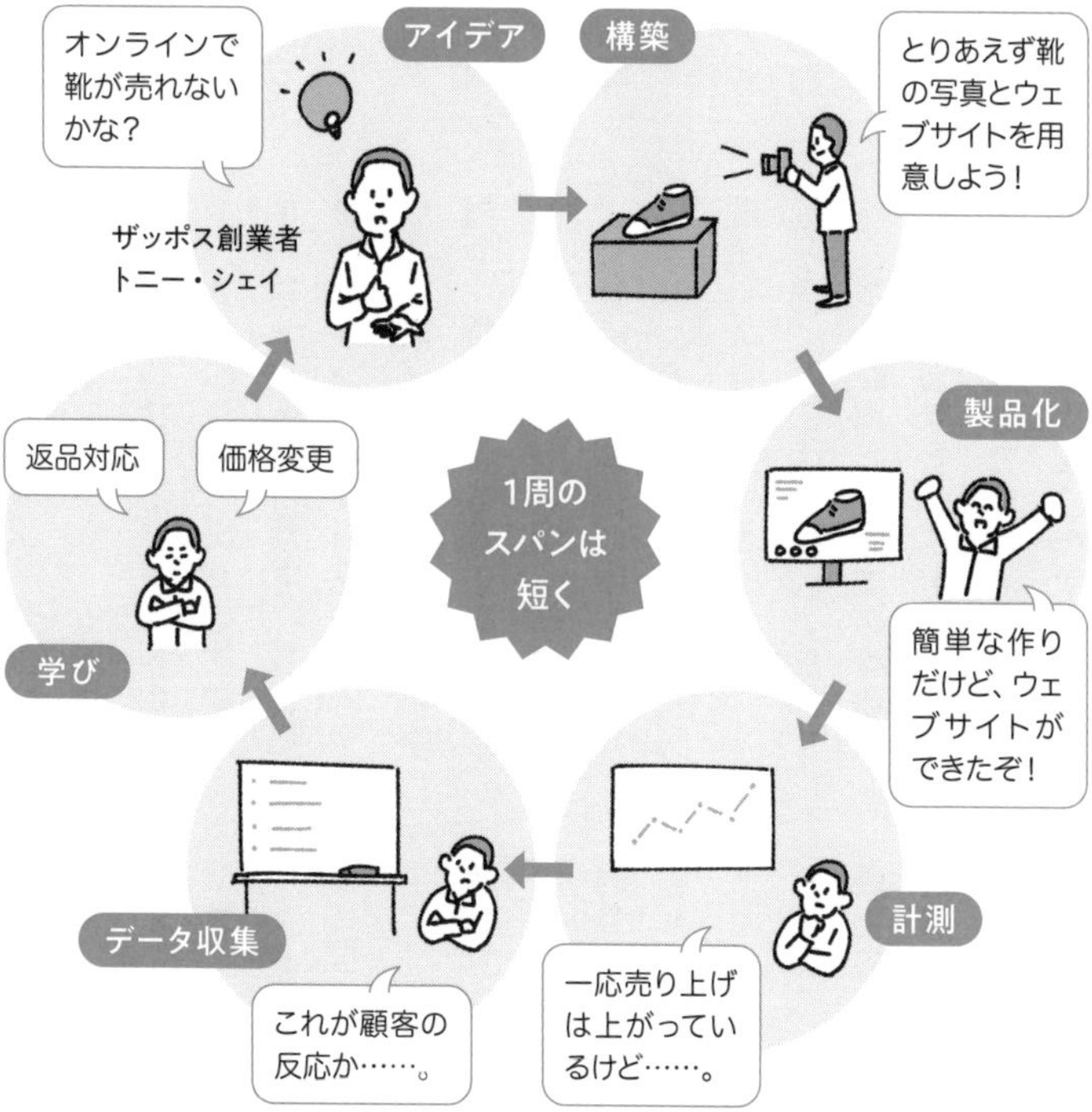

アイデア
オンラインで靴が売れないかな?
ザッポス創業者
トニー・シェイ
構築
とりあえず靴の写真とウェブサイトを用意しよう!
製品化
簡単な作りだけど、ウェブサイトができたぞ!
計測
一応売り上げは上がっているけど……。
データ収集
これが顧客の反応か……。
学び
返品対応
価格変更
1周のスパンは短く

KEYWORD

リーン・スタートアップ……最低限の機能を持った製品・サービスを短期間で作り、顧客の反応を確認しながら改善を重ね、ムダを極力省く製品開発手法。

イノベーションを運任せでなく成功させる方法はありますか？

顧客をよく観察してジョブを見極める

常識外れの無茶な挑戦をするのがイノベーターと思われがちですが、これは大きな間違い。顧客の悩みを斬新な方法で解決するのが、本当のイノベーターです。そこで役立つのが、「**ジョブ理論**」です。これは、ジョブ・雇用・解雇という独特のワードで顧客が商品を買う理由を考えるもの。アメリカ企業では、新しい仕事が発生するたびにそれに適したスキルを持った人を雇い、仕事が終わると解雇するという仕事のスタイルがあり、それになぞらえた方法論です。ジョブとは「**顧客が片付けなければいけない用事**」です。

あるアメリカの大学は学生を増やすために「きれいなキャンパス」「充実した教育環境」「手ごろな学費」といった面をアピールしていましたが、学生が集まりませんでした。

一方、この大学の通信課程では「生活レベルを向上させるために学歴が欲しい」というジョブを解決するために、社会人たちが学んでいました。

そこで、大学はオンライン通信課程を強化し、社会人が大学で学ぶ必要性を訴える広告を出しました。すると、10年間で大学の売上成長率は毎年34％も上昇し、「アメリカの中で最もイノベーションに富んだ大学」と評されました。このように顧客の「ジョブ」に解決策を提示すれば「雇用」され、逆に「ジョブ」に応えられないサービスや商品は「解雇」されます。

問うべきは「**顧客はどんなジョブを片付けたくて、その商品を雇用するのか？**」なのです。

POINT
顧客の立場になって「ジョブ（用事）」と解決策を考える

お答えしましょう!

イノベーションには成功パターンがあり、成功確率を高める有効な方法として「ジョブ理論」があります。

■ 顧客のジョブを理解することが成功への近道

（あるアメリカの大学の事例）

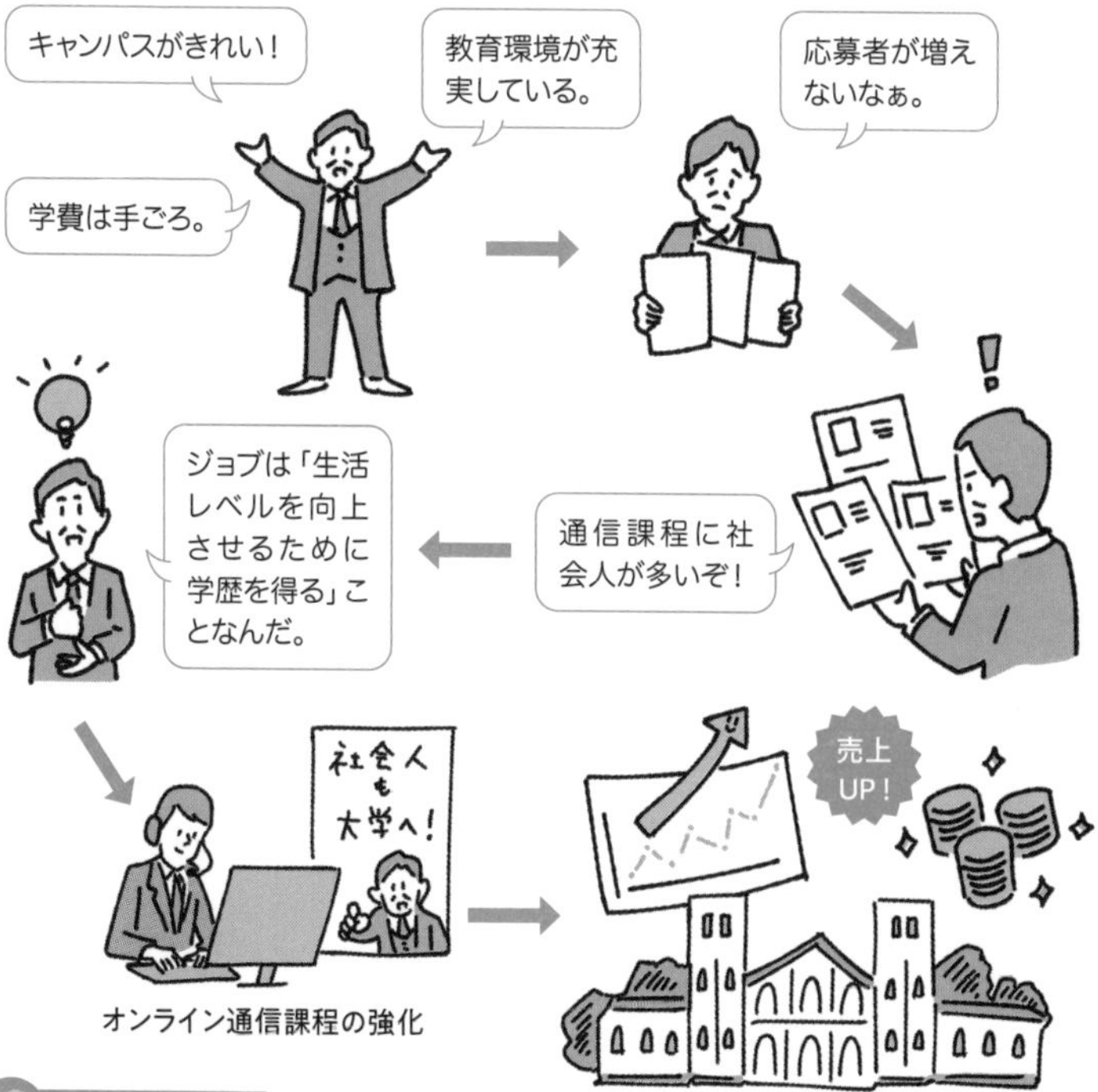

キャンパスがきれい！
教育環境が充実している。
学費は手ごろ。
応募者が増えないなぁ。
!
通信課程に社会人が多いぞ！
ジョブは「生活レベルを向上させるために学歴を得る」ことなんだ。
社会人も大学へ!
オンライン通信課程の強化
売上UP!

KEYWORD

ジョブ理論…… 米経営学者のクレイトン・クリステンセンによる理論。顧客が片付けたい用事（ジョブ）こそが、商品を買うか買わないかの決定要因であるとした。

ジョブ理論におけるジョブとニーズはどのような違いがあるのでしょうか？

POINT

選択肢が増えた現代は、ニーズに対応するだけでは生き残れない

お答えしましょう！

ニーズは漠然とした欲求で、ジョブは具体的で切実な状況から生まれるものです。

■ニーズとジョブの違い

ニーズ

- 何か食べたい
- 健康になりたい
- おしゃれしたい

漠然としている

ジョブ

- ひざの痛みを治したい
- 荒れ放題の庭を何とかしたい
- 買い物を早く済ませたい

具体的な要望

ジョブとニーズはいったい何が違うのか

「ジョブ理論」の仕組みについては前述しましたが、多くの人が「ジョブとニーズは何が違うの？」という疑問を持ったのではないでしょうか。

ニーズは「何か食べたい」「健康になりたい」といった漠然としたもので、**必要に迫られていないので、解決方法があっても商品を購入するとは限りません。**

一方、ジョブは「ひざの痛みを治したい」「荒れ放題の庭を

■同じジョブを満たすものがすべて競合

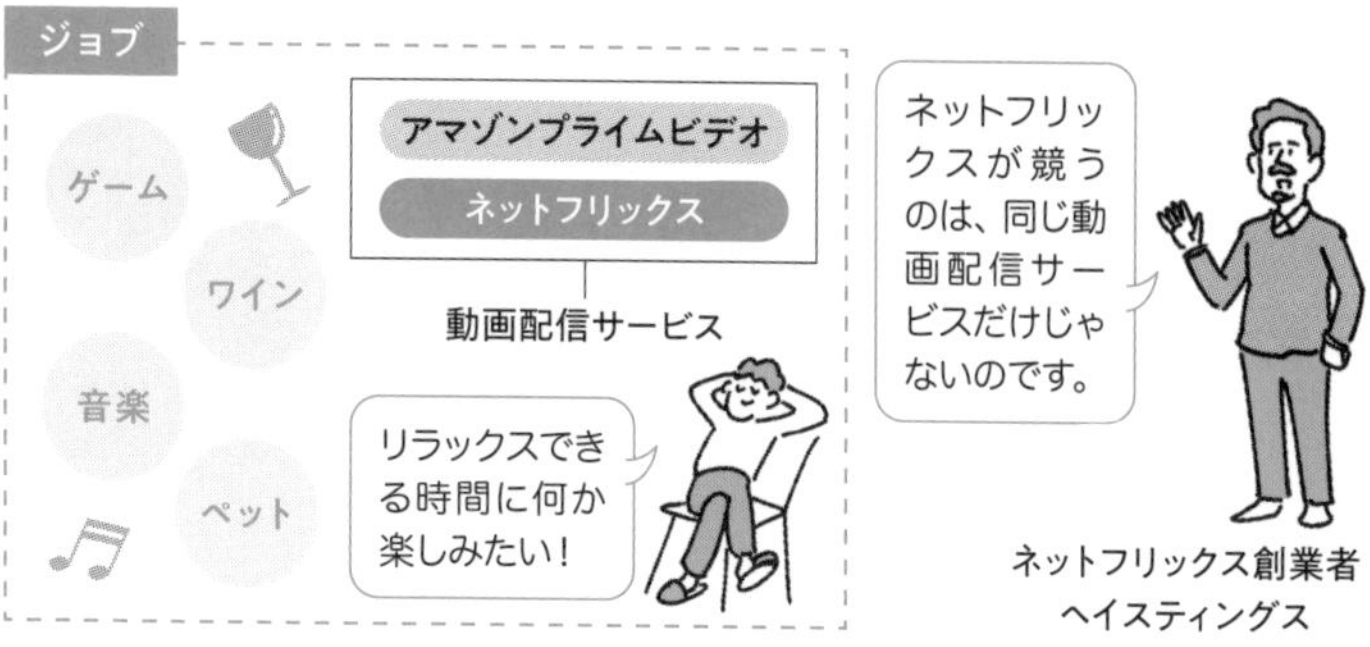
ジョブ
ゲーム
ワイン
音楽
ペット
アマゾンプライムビデオ
ネットフリックス
動画配信サービス
リラックスできる時間に何か楽しみたい！
ネットフリックスが競うのは、同じ動画配信サービスだけじゃないのです。
ネットフリックス創業者
ヘイスティングス

何とかしたい」「買い物を早く済ませたい」といった**切実な状況から生まれます。だから、解決方法があれば商品を購入する決定要因になります。**

ジョブ理論で考えると新しい視点が生まれる

ジョブ理論で考えると、ライバルは同業者だけではなくなります。

たとえば、大手動画配信サービスのネットフリックスの創業者リード・ヘイスティングスは「ライバルはアマゾンプライムビデオか？」と問われ、「ビデオゲームとも競うし、ワインとも競う」と答えました。顧客の「リラックスできる時間に何か楽しみたい」というジョブに応えるためには、ゲームやワインとも競合になるわけです。

顧客のジョブを突き詰めていくと、このようにまったく新しい視点を得られます。**「いい商品なのに売れない」というような場合は、ジョブを深掘りする必要性があります。**

KEYWORD
ジョブ……顧客自身が自覚しているかどうかは問わず、顧客が抱えている「解決しなければいけない用事・課題」のこと。

顧客が新商品をなかなか買わない本当の理由を教えてください！

POINT
キャズムを越えないと新製品は普及しない

先駆者と現実主義者その間にある大きな谷

「顧客が求める画期的な新商品を売り出せば、絶対売れる」と思いがちですが、現実にはほとんど売れないことも多いものです。それはなぜでしょうか。

画期的な新製品が販売され始めたとき、消費者の特性によって様々な反応があります。電気自動車だとすると、「誰も乗ってないから買いたい」という人はイノベーター（革新者）とアーリー・アドプター（先駆者）です。「充電ステーションが街中にできたら買う」という人はアーリー・マジョリティ（現実主義者）で、「今のガソリン車が不便になったら買う」はレイト・マジョリティ（追従者）、「わけのわからない車には絶対乗らない」という人はラガード（頑固者）です。

新製品はこの順番で普及していくのですが、各グループの間には隙間があり、そこで止まると売れません。62ページでも触れましたが、先駆者と現実主義者の間の特に大きな隙間を「キャズム（大きな谷）」と呼びます。

キャズムを越えなければ、16％の人にしか売れません。冒険好きな先駆者と違い、現実主義者はリスクが大嫌い。そこで、必要なことをすべて提供する「**ホールプロダクト**」が必須になります。EVならば、どこでも充電できる環境を整え、パーツを気軽に買えるようにし、修理なども普通の整備工場に頼める、などです。すべてのリスクを消した上で、**ユーザー事例を提示できれば、ようやく現実主義者以降のグループにも商品が普及していきます。**

お答えしましょう！

革新的な製品が大好きな少数の人たちと、現実主義の人たちの間に「キャズム（大きな谷）」があるためです。

■ 革新的な商品に対する反応のパターン

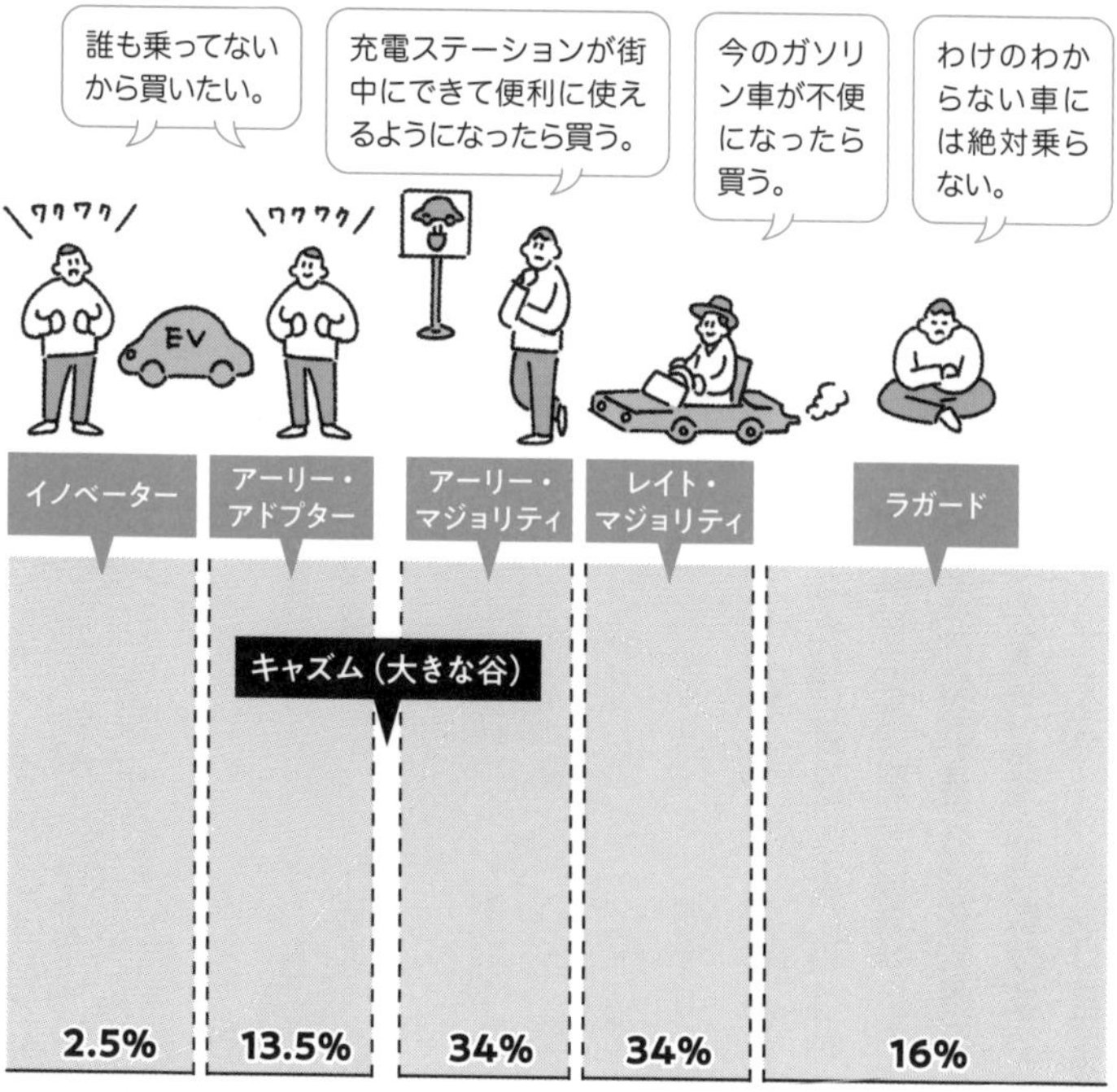
誰も乗ってないから買いたい。
充電ステーションが街中にできて便利に使えるようになったら買う。
今のガソリン車が不便になったら買う。
わけのわからない車には絶対乗らない。
ワクワク
ワクワク
EV
イノベーター
アーリー・アドプター
アーリー・マジョリティ
レイト・マジョリティ
ラガード
キャズム（大きな谷）
2.5%
13.5%
34%
34%
16%

KEYWORD

ホールプロダクト……ジェフリー・ムーアが提唱。ホールは「完全」の意味があり、完全な機能に近づけるよう製品の補助製品や補完サービスをそろえていくモデル。

キャズムを越えるためにはどのような戦略が必要になりますか？

POINT
顧客の痛みの大きさを基準に市場を徹底的に小さく絞り込む

絞り込みで谷を越えたドキュメンタムの事例

キャズムを越えるには、現実主義者が感じるリスクを減らす必要があります。そこで必要なのが、同じ現実主義者のユーザー事例。参考になるのが、文書管理システム「**ドキュメンタム**」の事例です。ドキュメンタムは設計図面や契約文書などを管理する企業向けシステムで、当初は成長を続けていましたが、キャズムの直前で売れ行きが止まりました。

そこで、対応する業務分野を75から2分野まで絞り込みました。そのひとつが、製薬業界の新薬認可申請業務です。

製薬会社の新薬申請業務は、申請書類だけで25万〜50万ページとなり、膨大なデータを調べた上で書類を作成するので、製薬会社は1日1億円の費用と数カ月の期間を要していました。申請が遅れると、その期間の新薬特許収入は失われてしまいます。これは製薬会社にとって「大きな痛み」でした。製薬会社は「お金がかかってもいいから業務を迅速化したい」と考えていました。そこでドキュメンタムは新薬認可申請業務の専用システムを提供し、大きな成果を上げました。

これがユーザー事例となり、製薬業界トップ40のうち30社が導入。製薬業界内でキャズムを一気に越えると、同じような課題を持った製造・金融などの業界にも販路を広げていきました。

顧客の痛みを見極めてターゲットを絞り込み、そこでキャズムを超えてからほかの市場に広げていけば、新商品が成功する可能性は大きく高まります。

お答えしましょう！

幅広く攻めてもダメで、大きな「痛み」を持った顧客に絞り込むことで一気にキャズムを越えることができます。

■キャズムを越えたドキュメンタムの戦略

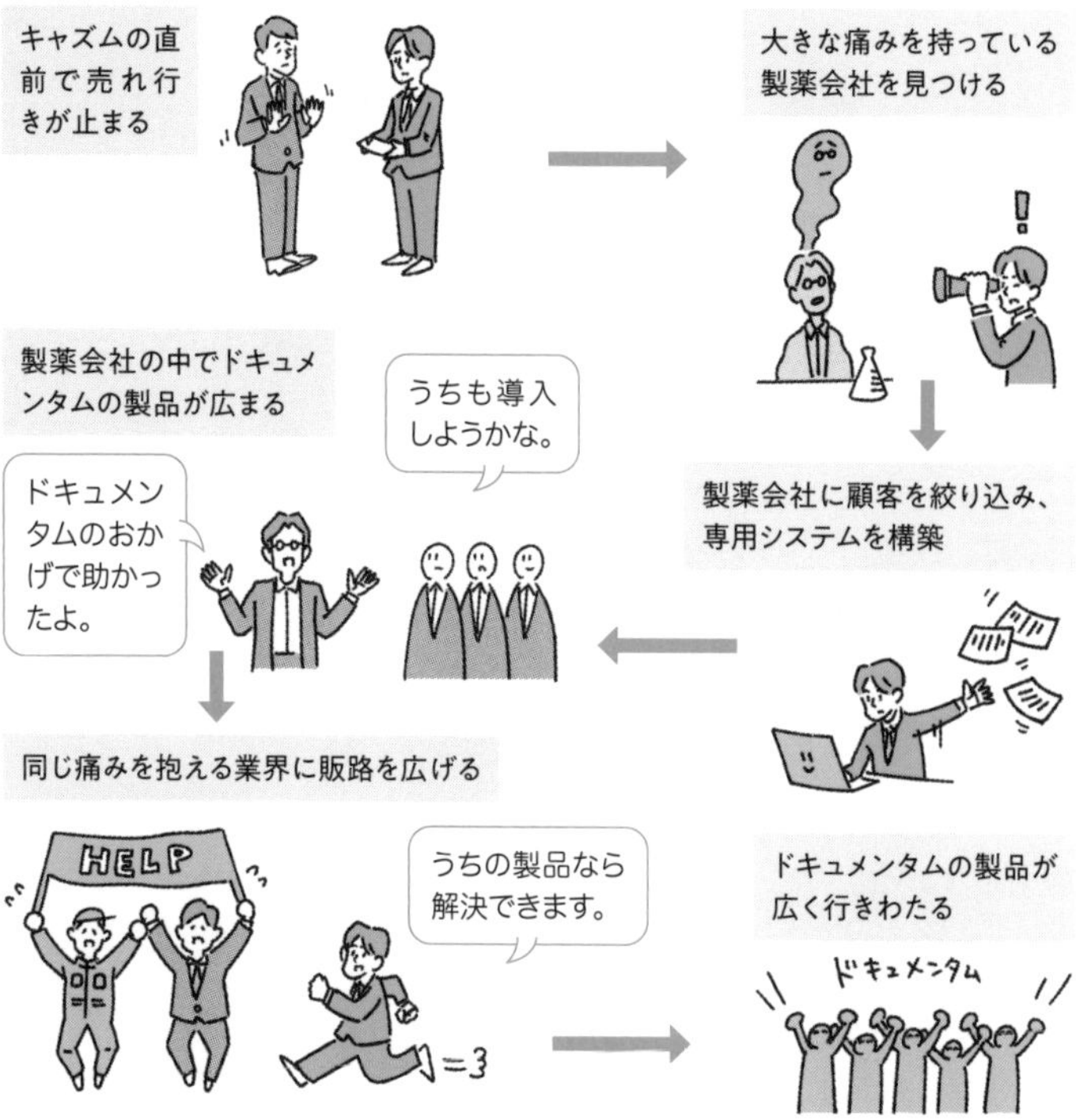
キャズムの直前で売れ行きが止まる
大きな痛みを持っている製薬会社を見つける
製薬会社に顧客を絞り込み、専用システムを構築
製薬会社の中でドキュメンタムの製品が広まる
うちも導入しようかな。
ドキュメンタムのおかげで助かったよ。
同じ痛みを抱える業界に販路を広げる
HELP
うちの製品なら解決できます。
ドキュメンタムの製品が広く行きわたる
ドキュメンタム

KEYWORD

ユーザー事例……アーリー・マジョリティ（現実主義者）は、自分と同じようなタイプのユーザー事例があって初めて購入を考える。

経営学者マイケル・ポーターが提唱した「5つの力」とは何でしょうか？

POINT
「5つの力」を分析して自社に有利な打ち手を見つける

競争相手となるのはライバル会社だけじゃない

ビジネスで「競争」というと、ライバル企業との戦いだけを考えがちです。これに対し、マイケル・ポーターは「**企業は各業界で、いろいろな市場関係者と競争している**」とし、その考えを基に市場構造を分析する「**5つの力**」を提唱しました。

具体的には、お客さんである「買い手」、仕入れ先である「売り手」、新たに業界に参加してくる「新規参入業者」、別業界でお客さんの同じようなニーズに応える「代替品」、同じ業界にいる「同業者」の5つです。

ポーターの考えでは驚くことにお客さんとも競争します。電気自動車（EV）業界を例に分析してみると、EV企業にとって最重要の「売り手」はバッテリーメーカーです。「新規参入業者」は、参入障壁が低いことからどんどん増えている状況です。このため、「同業者」との戦いは激化しています。そして、EV業者の参入が相次いだことで「買い手」は選択肢が増えて有利になっており、企業はお客さんが競争で有利にならないように性能向上やブランド化に努め、お客さんが自社を選びたくなるような状況を目指しています。「代替品」はガソリン車ですが、各社は撤退を表明しています。**「5つの力」を分析すると、自社が有利に立ち回るための「打ち手」が見えてきます**。売り手対策としては「バッテリーメーカーとの協業を強化」、買い手・同業者・新規参入業者に対しては、「性能向上とブランド化」という対抗策が考えられます。

お答えしましょう!

「買い手」「売り手」「新規参入業者」「代替品」「同業者」を指し、市場構造を分析するために使われます。

■ EV業界における5つの力

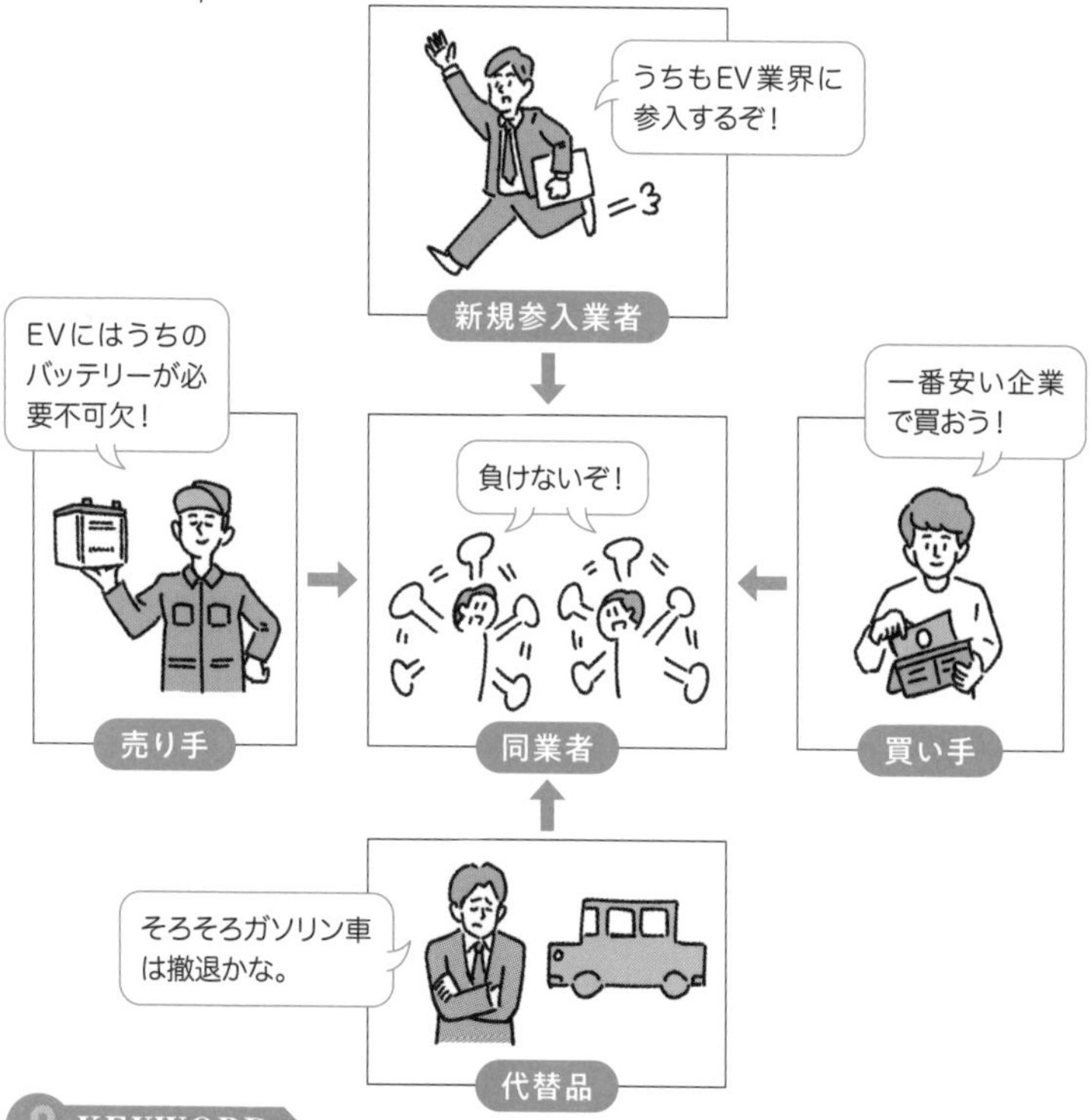

うちもEV業界に参入するぞ!
新規参入業者
EVにはうちのバッテリーが必要不可欠!
売り手
負けないぞ!
同業者
一番安い企業で買おう!
買い手
そろそろガソリン車は撤退かな。
代替品

KEYWORD

マイケル・ポーター……1947年生まれのアメリカの経営学者で、ハーバード・ビジネス・スクール教授。「5つの力」や「バリューチェーン」などを提唱した。

「5つの力」を分析したのち、競争に勝つ具体的な方法を教えてください！

POINT

「5つの力」の分析と「3つの基本戦略」を使いこなせ！

競争に勝つ基本戦略は3つのパターンしかない

マイケル・ポーターはライバルと**「戦う方法は3つだけ」**と言っています。**ひとつ目は「コストリーダーシップ戦略」**。どのライバルよりも低コストにします。**2つ目は「差別化戦略」**で、お客さんの特定のニーズに対応することで「これなら喜んでお金を払いたい」と思わせるものです。**3つ目は「集中戦略」**で、市場や提供する商品を狭く限定し、その絞った分野で強いポジションを築きます。

この3つの戦略を頭に入れておけば、「市場がこの状況なら、このパターンで戦えばいい」と目星をつけることができます。

「コストリーダーシップ戦略」の具体例としては、家具の「ニトリ」があります。店舗数を増やし続け、販売量を増加させることで商品コストを徹底して抑えています。

「差別化戦略」の例としては、高級チョコのゴディバ。バレンタインデーに「義理チョコをやめよう」という広告を出したりして、自社商品は「本命チョコ」の定番だと強調しました。これは「ゴディバは本命チョコにふさわしい商品だから喜んでお金を払おう」と、お客さんに思わせる戦略です。

「集中戦略」の例は、北海道で大手チェーンを抑えてコンビニシェア1位となったセイコーマート。北海道に店舗を集中させ、生活のインフラレベルにまでなったことで大手でも敵わない存在になりました。ターゲットを絞り込めばコストやサービスが最適化され、ベストな売り手になれるのです。

お答えしましょう!

ポーターの考えでは、戦う方法は「コストリーダーシップ戦略」「差別化戦略」「集中戦略」の3つです。

■ 競争に勝つための方法は3つだけ

1 コストリーダーシップ戦略

ニトリ
たくさん生産して単価を下げるぞ!
QBハウス
必要最小限だけを残してコストを下げるぞ!

2 差別化戦略

ゴディバ
うちのは特別なときのチョコです。
ブラックサンダー（有楽製菓）
うちは鉄板の義理チョコです。

3 集中戦略

セイコーマート
北海道に集中しよう!
乃が美
うちは高級食パンしか売りません!

KEYWORD

コストリーダーシップ戦略 …… 他社と比べて圧倒的にコストを低くして価格を下げても収益を上げることができる状態を目指す戦略。

ビジネスで新しいアイデアを生む秘訣はありますか？

POINT
アイデアの発想を止めてしまうブレーキ要素を排除しよう

ブレインストーミングを成功させる方法って？

世界的なデザイン会社IDEO《アイディオ》のエグゼクティブであるトム・ケリーは、デザイン手法をビジネスにおける問題解決法に発展させた「**デザイン思考**」を提唱しました。

これはユーザーを徹底的に観察することで、どんな課題で困っていて、どう使っているのかを知ったのち、アイデア重視で解決策を考え、それが実際に役立つのかを検証するという方法です。

アイデアを生み出す方法としてはブレインストーミングがよく使われますが、ケリーはアイデアが出なくなる落とし穴としては「上司の鶴の一声で開始し、部下を委縮させる」「専門知識のある人しか参加させない」「全員に順番が回ってきて発表を強制される」といった、発想のブレーキとなる要素を挙げています。

デザイン思考では、ブレインストーミングを成功させる秘訣としては、発想を制約しないように「焦点を明確にするが、限定しすぎない」、より多くの優れたアイデアを出すために「遊び心のあるルールを明示する」、議論が停滞してきたらファシリテーター役が別の視点に誘導するなどして「議論の勢いを止めない」、そのアイデアを思いついたときの記憶を呼び戻せるように「議論の流れをボードに書き留めて『見える化』する」などのポイントがあります。

このように、**発想の呪縛を取り去ると、ブレインストーミングで質のいいアイデアが生まれやすくなる**でしょう。

お答えしましょう！

「デザイン思考」によって発想の呪縛を解き放てば、ブレインストーミングでいいアイデアが出るでしょう。

■ ブレインストーミングの落とし穴と秘訣

落とし穴

❶鶴の一声で開始する
❷専門家以外は参加できない
❸必ず全員が発言しなければいけない
❹突拍子のない意見を否定する
❺すべての内容を書き留める
❻社外で行う

私はこう思うんだ！

秘訣

❶議論の勢いを止めない
❷議論の流れをボードに書き留めて「見える化」する
❸プロトタイプを作れる素材を持ち込む
❹ウォーミングアップをする
❺アイデアを数える
❻遊び心のあるルールを明示する
❼焦点を明確にするが、限定しすぎない

どんどんアイデアを出そう！

KEYWORD

ブレインストーミング……アメリカの実業家アレックス・F・オズボーンが生み出したもので、集団で自由にアイデアを出し合って連鎖的に頭脳の回転を刺激する。

アイデアを具現化するために効果的な手段はありますか？

お答えしましょう！

プロトタイプを作ることでアイデアを「見える化」していきます。

■ プロトタイプがあれば議論が一気に進む

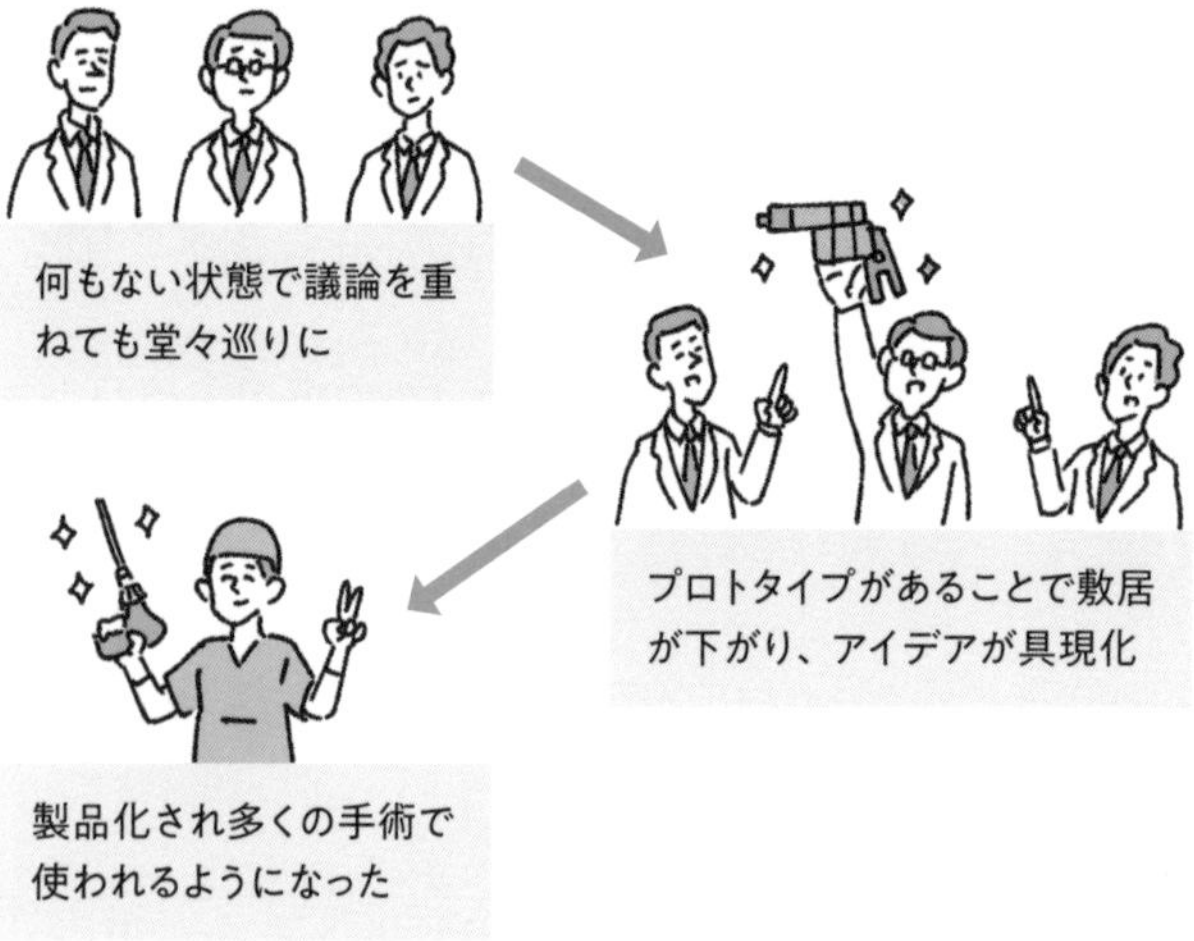
何もない状態で議論を重ねても堂々巡りに
プロトタイプがあることで敷居が下がり、アイデアが具現化
製品化され多くの手術で使われるようになった

POINT

プロトタイプはアイデア創出のための大きな武器になる

プロトタイプを作って アイデアを具現化する

前項で紹介した「デザイン思考」では、**問題解決の手段としてプロトタイプを作成します。**

前述したＩＤＥＯが参加した鼻の外科手術道具の開発プロジェクトは、当初議論が堂々巡りでしたが、ＩＤＥＯの若手技術者がマーカーペン、フィルムケース、洗濯ばさみをテープで留めて作ったプロトタイプを作成。開発会議に出席していた外科医たちは一目見て「欲しかったのはコレだよ！」と発言。ア

■プロトタイプは子どもの工作レベルでいい

プロトタイプは子どものエ作レベルでいいんだよ。
いちいちプロトタイプを作るのは大変だなぁ。
第一義は敷居を下げること&「見える化」

イデアを「見える化」したことで、議論は一気に進んだのです。このアイデアは「ディエゴ電動ディセクターシステム」という電気メスとして製品化され、多くの手術で使われるようになりました。

工作レベルで十分 敷居を下げることが大事

いちいちプロトタイプを作っていたら大変だと思うかもしれませんが、立派なものを作る必要はありません。

アイデア段階では、数百円の費用、数分で作った子どもの工作レベルで十分。こうすれば、アイデアを提案する敷居は下がり、クライアントも「見える化」されたことでイメージがつかみやすくなります。

「もっとアイデアを煮詰めないと失礼だ」と考えるより、どんどん顧客にアイデアをぶつけていくべきなのです。そのときに、**プロトタイプはアイデアを具現化する大きな武器になる**でしょう。

KEYWORD

プロトタイプ……製品の原型あるいは試作品のことで、実験機・試作機とも呼ばれる。問題点の洗い出しにも有効。

業績好調な企業はどんな強みを持っているのでしょうか？

POINT
会社の強みは、他社が簡単に真似できない経営資源にある

企業の真の強みがわかる「VRIO」とは？

『企業戦略論』（ダイヤモンド社）の著書などで知られるジェイ・B・バーニーは、企業の強みは他社に真似されにくい経営資源（リソース）にあるとの考えから、それに基づいた「**リソース・ベースト・ビュー（RBV）**」という考え方を提唱しました。

RBVには「VRIO《ブリオ》」というフレームワークがあります。価値（バリュー）があり、希少性（レアリティ）があり、真似が難しく（イニマタビリティ）、組織的（オーガニゼーション）な仕組みがある、という4つのポイントの英語の頭文字を取ったものです。「顧客にとって価値があり、希少性もあり、真似されにくく、組織的な仕組みが確立されている」ものが、企業の本当の強みなのです。

繁盛しているケーキ店を例にすると、誰もがおいしいと感じる「価値」がケーキにあることが出発点となり、ほかでは食べられない「希少性」があり、従業員を指導することでライバル店が真似をするのが困難なケーキを組織的に生産できる仕組みがあるという条件がそろえば、それは「本当の強み」だといえます。

その中でも特に重要なのは「真似されにくい」という点で、そのためには、人に投資したり、組織独自の文化を作ったりと、様々な方法があります。

ただ、自社の強みは過小評価したり、過大評価したりすることがよくあります。**じっくりと観察し、関係者とも話し合った上で客観的に見極める必要があります。**

お答えしましょう!

企業独自の「経営資源」の観点から「VRIO」を分析すると、その会社ならではの強みが見えてきます。

■「VRIO」で企業の真の強みがわかる

価値(Value)《バリュー》

世界一おいしい!

希少性(Rarity)《レアリティ》

真似が難しい(Inimitability)《イニマタビリティ》

どうしても同じものが作れない……。

組織的な仕組みがある(Organization)《オーガニゼーション》

価値(Value)	No	Yes	Yes	Yes	Yes
希少性(Rarity)		No	Yes	Yes	Yes
真似が難しい(Inimitability)			No	Yes	Yes
組織的な仕組みがある(Organization)				No	Yes
強みになるか?	↓ 弱み	↓ 強み	↓ 固有の強み(一時的)	↓ 固有の強み(一時的)	↓ 固有の強み(持続可能)

KEYWORD

RBV …… 企業の経営資源が優位性につながるという考え方。

イノベーターが陥りがちな「イノベーションのジレンマ」とは何ですか？

POINT

破壊的技術で市場の秩序を乱し、新たな顧客を発掘せよ

優れたリーダー企業が破壊的技術に負ける理由

イノベーション研究の第一人者であるクレイトン・クリステンセンは「リーダー企業は競争感覚を研ぎ澄まし、顧客の声に耳を傾け、技術開発に積極的に投資するからこそ、リーダーの地位を失う」と指摘し、「**イノベーションのジレンマ**」を提唱し、世の中を驚かせました。

たとえば、2007年にiPhoneが登場したとき、当時多くのデジタルカメラを生産していたトップメーカーは「性能の低いスマホのカメラなんておもちゃだ」と相手にしませんでした。しかし、そのままメールでの送信やSNSへの投稿などができるため、誰もがスマホで写真を撮るようになり、スマホカメラの性能もぐんぐんと向上し、デジカメはほぼ駆逐されてしまいました。

その間、デジカメメーカーは決してサボっていたわけでなく、顧客の声に耳を傾け、製品の性能向上に努めていましたが、自社の顧客ではないスマホユーザーの声に気がつかず、気づくと市場を奪われていたのです。

性能を高める技術を「持続的技術」と呼び、**性能が落ちるけれど新しい用途を作る技術を「破壊的技術」**と呼びます。デジカメもかつては破壊的技術でフィルムカメラを市場から追い出したのですが、今度は自分たちがスマホに負けたのです。

トップ企業が破壊的技術を活用して成功するには、**「プロジェクトを小さな組織に任せる」「新しい市場を開拓させ、従来の価値観や仕組みを捨てる」**などの方法が効果的です。

お答えしましょう!

業界トップに立った企業が破壊的イノベーションに対抗できずに、地位を失う危険があることを指します。

■ リーダー企業を襲う破壊的イノベーション

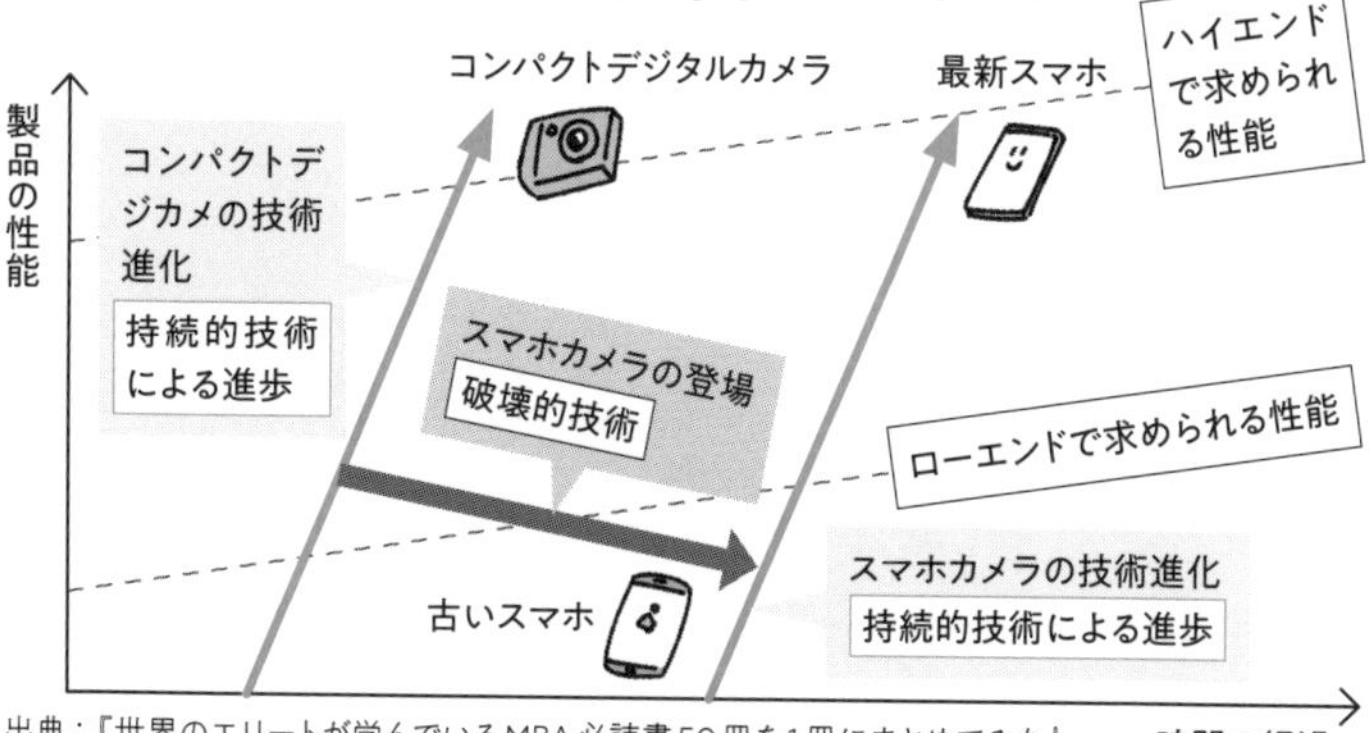
製品の性能
時間の経過
コンパクトデジタルカメラ
最新スマホ
ハイエンドで求められる性能
コンパクトデジカメの技術進化
持続的技術による進歩
スマホカメラの登場
破壊的技術
ローエンドで求められる性能
古いスマホ
スマホカメラの技術進化
持続的技術による進歩

出典:『世界のエリートが学んでいるMBA必読書50冊を1冊にまとめてみた』(KADOKAWA)を参考に作成

せっかくコンパクトカメラを高性能にしたのに、みんなスマホを使ってる……。
カメラメーカー
スマホの写真も悪くないかもなぁ……。
ヘビーユーザー
スマホカメラの進化によって性能がハイエンドにも認められる
もともとそんなに高性能なものを求めてないし。
ライトユーザー
スマホカメラの登場でローエンドユーザーはすぐに移行

KEYWORD

イノベーションのジレンマ……成功した企業にとって、破壊的技術は未熟に映り、脅威だと感じないまま市場が大きく変化するタイミングに乗り遅れてしまう。

クローズド・イノベーションにはどんな問題がありますか？

かつての勝利の方程式が転職・起業の増加で崩壊

社内メンバーだけでイノベーションを進める「クローズド・イノベーション」は、かつては勝利の方程式でした。極秘裏に新しいアイデアや技術を生み出し、それを製品化すれば、ライバルを出し抜いて莫大な利益を得られるからです。不採用になったアイデアや、製品化されずに死蔵されるアイデアも多く生まれますが、当時はそれらが外部に流出することはあまりありませんでした。これは転職が難しい時代だからこそ成り立っていた方程式だったのです。

現代では、優秀な技術者は自由に転職・起業できる時代になっています。そうなると、**技術者のスピンアウトによって社内で不採用にしたアイデアが外部に流出し、他の企業が製品化してしまいます。**

具体例は、米ゼロックスのパロアルト研究所です。高速通信や美しいフォントなどの優れた技術を次々と生み出していましたが、コピー機主体のゼロックスの既存事業ではうまく生かすことができず、多くが不採用になり、不採用アイデアの研究を続けたい技術者はプロジェクトとともに転職・退職することを認められていたため、ある者は他社で自分の新商品を開発し、ある者は起業で大成功しました。

ゼロックスはクローズド・イノベーションを続けていたせいで、多大な利益をもたらしたはずのアイデアや技術を外部流出させてしまったのです。これと同じ現象は近年の日本企業でも起こっています。

POINT
社内のメンバーだけでイノベーションは生み出せない時代に

お答えしましょう!

社内メンバーだけでイノベーションを進めると、アイデアの死蔵や流出が増えて、ムダが多くなります。

■ ムダが多いクローズド・イノベーション

アイデアを募集するぞ。
ゼロックス
ボツ
転職して新商品を生み出しました!
ボツ
死蔵されたアイデア
どーーん
うちより大きな企業になってしまった……。

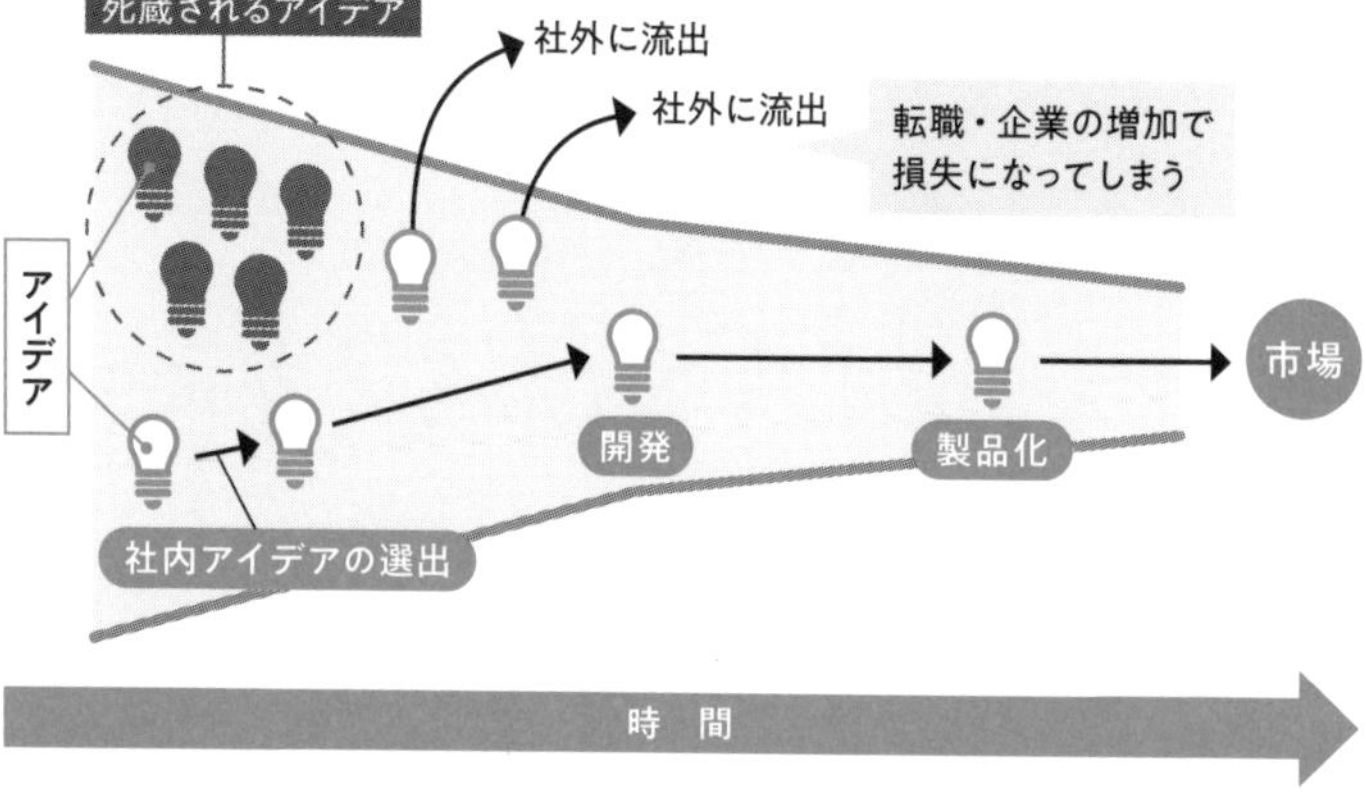

死蔵されるアイデア
社外に流出
社外に流出
転職・企業の増加で損失になってしまう
アイデア
開発
製品化
市場
社内アイデアの選出
時間

出典:『世界のエリートが学んでいるMBAマーケティング必読書50冊を1冊にまとめてみた』(KADOKAWA)を参考に作成

オープン・イノベーションにはどんなメリットがありますか？

POINT
現代では技術の囲い込みは不可能。積極的にオープンにせよ

技術の陳腐化は防げないオープン化の時代に変化

現代では、知識が普及して模倣されるスピードが速まっています。もはや、企業が技術を囲い込み続けることは不可能。知識や技術の陳腐化を防げないのなら、**社内でイノベーションを完結させず、オープンにしたほうが成功確率は高まります。**

オープン・イノベーションでは、社内で生んだアイデアを徹底的に使い倒し、アイデアが足りなければ社外から取り込み、使わない技術は流出する前に他社に提供します。

ただし、オープン・イノベーションでは、製品（システム）を構成する部品が仕様変更になったら**ほかの部品にまで影響を与える「相互依存型システム」か、別の部品に影響を与えない「モジュラー型システム」かを見極める必要があります。**

「相互依存型システム」は、ジェット機の開発などが当てはまります。一方、パソコン業界はオープン・イノベーションによって劇的に進化しましたが、これはモジュラー型システムでした。この事実を正しく理解することが肝要です。

オープン・イノベーションで成功する方法としては、自社に足りない技術を外部から獲得することで生まれる「**既存事業の成長**」と、社内で不採用になったアイデアを他社に提供して新事業につなげる「**新規事業の成長**」の2種類があります。かつて、ハードディスクを製造していたIBMは、競合他社にコア技術（MRヘッド）を提供しましたが、これはオープン・イノベーションの考え方と合致します。

お答えしましょう!

使わないアイデアは社外に出して稼ぎ、社内にないアイデアは外部から柔軟に効率よく取り込めます。

■オープン・イノベーションで成長を図る

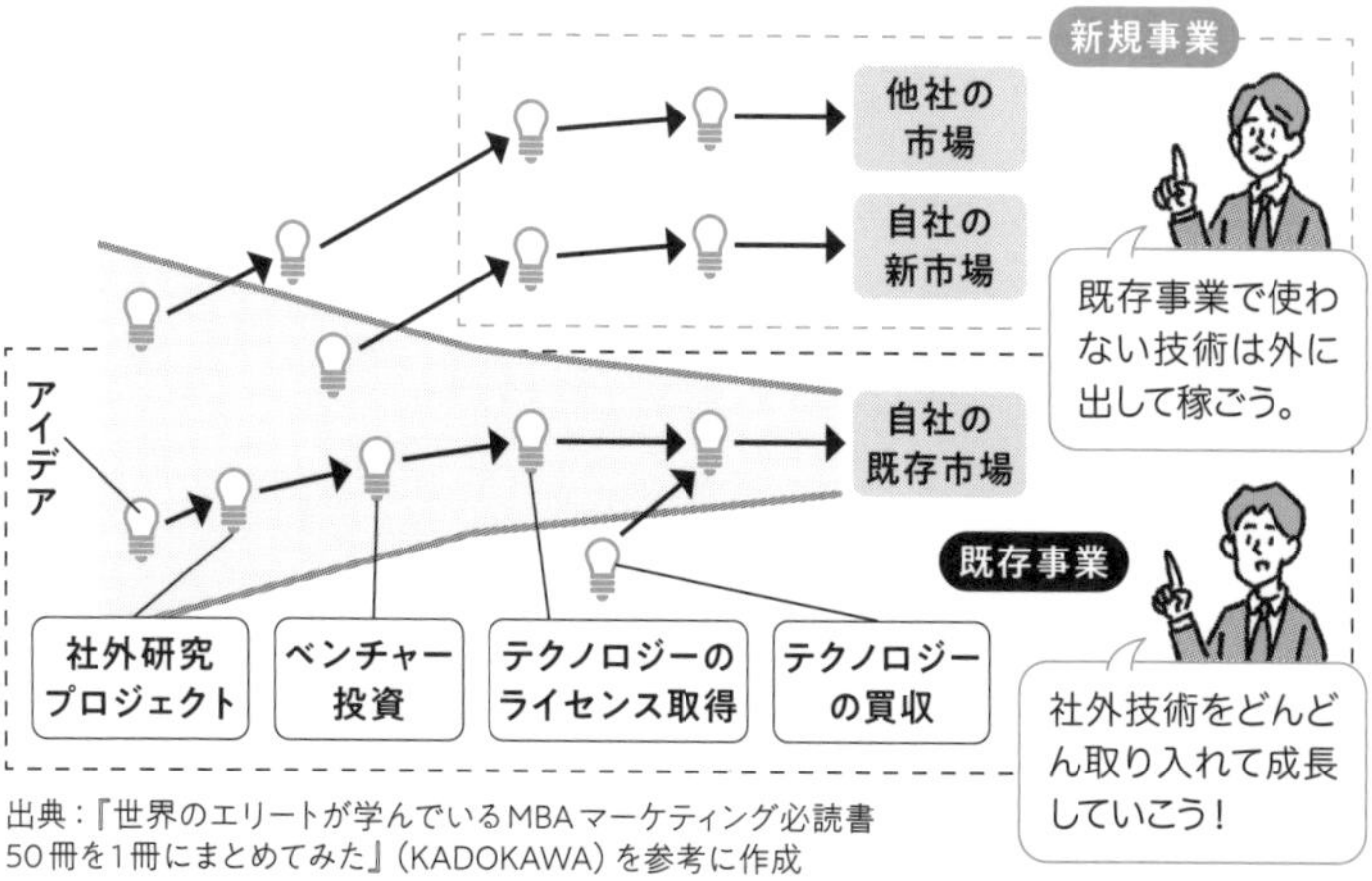
新規事業
他社の市場
自社の新市場
自社の既存市場
アイデア
既存事業
既存事業で使わない技術は外に出して稼ごう。
社外技術をどんどん取り入れて成長していこう!
社外研究プロジェクト
ベンチャー投資
テクノロジーのライセンス取得
テクノロジーの買収

出典:『世界のエリートが学んでいるMBAマーケティング必読書50冊を1冊にまとめてみた』(KADOKAWA)を参考に作成

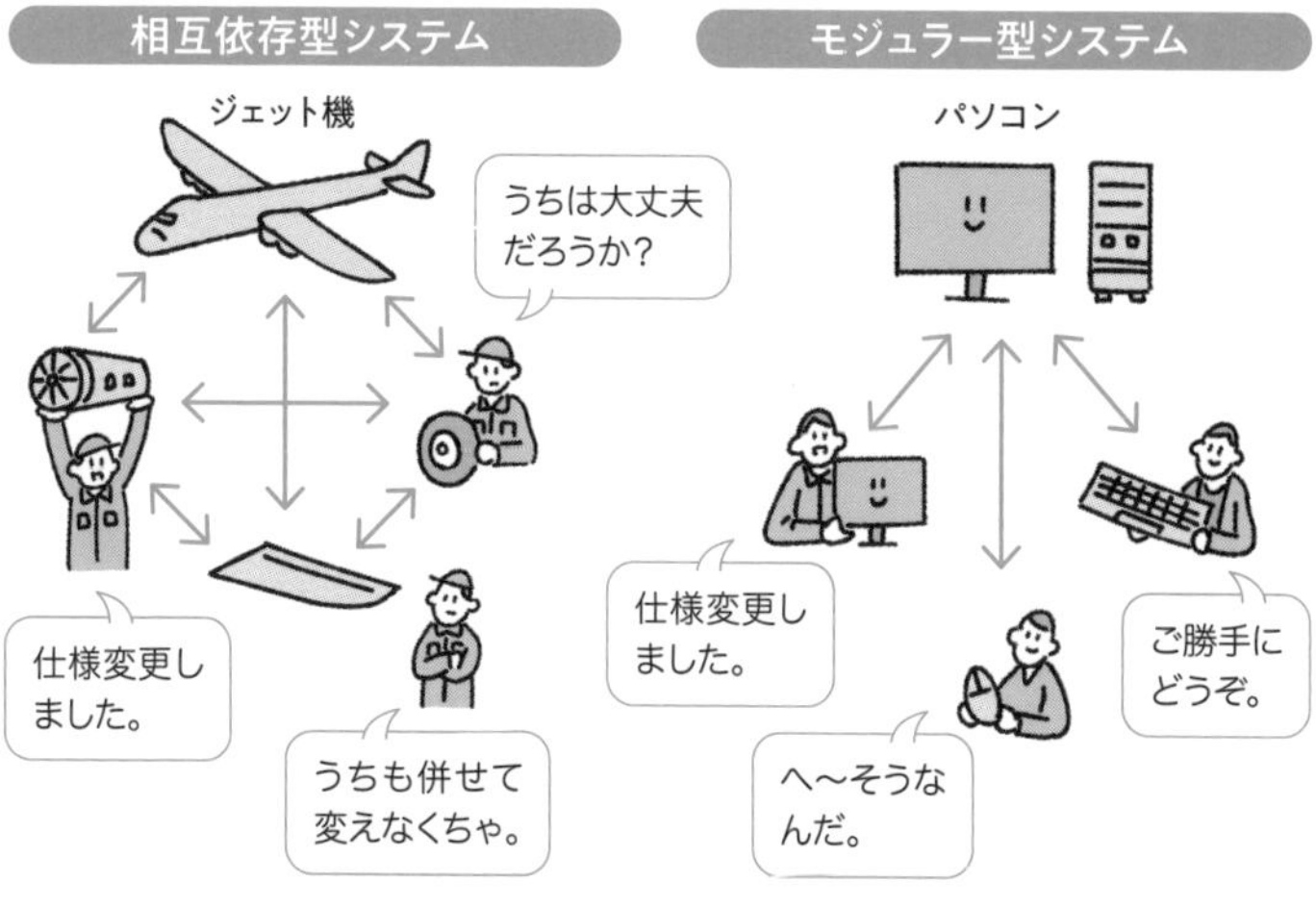
相互依存型システム
ジェット機
うちは大丈夫だろうか?
仕様変更しました。
うちも併せて変えなくちゃ。
モジュラー型システム
パソコン
仕様変更しました。
ご勝手にどうぞ。
へ〜そうなんだ。

イーロン・マスク……106ページ
南アフリカ共和国出身の実業家で、スペースX、テスラ、PayPalなどを設立。2019年の「アメリカ合衆国で最も革新的なリーダー」ランキングで第1位に選ばれている。

ザッポス……108ページ
アメリカ・ネバダ州ラスベガスに拠点を置く靴やアパレルの通販小売店。2009年にアマゾンに買収された。

クレイトン・クリステンセン…111ページ
アメリカの経営学者。破壊的イノベーション理論の確立者として知られる。『イノベーションのジレンマ』を著し、大企業の新興市場への適応の遅れを説明した。

ネットフリックス……113ページ
1997年に設立されたアメリカの大手動画配信会社。または同社の配信サービスの名称。ストリーミング配信とオリジナル作品を提供し、多くの国に支社を持つ。

ドキュメンタム……116ページ
文書管理プラットフォーム。またはそれを開発した企業。2003年、アメリカのEMCに買収され、EMCの一部となったが、2017年にカナダのOpenTextに買収された。

セイコーマート……120ページ
北海道札幌市に本社を置くコンビニエンスストアチェーン。創業は1971年とセブン・イレブンより古い。北海道内に約1180店舗を展開し、顧客満足度で高い評価を受けている。

IDEO……122ページ
カリフォルニア州に本拠を置くデザインコンサルタント会社で、デザイン思考を用いたコンサルティングを提供。アップルの初代マウスなどのデザインを手がけた。

ジェイ・B・バーニー……126ページ
ユタ大学経営大学院の教授で、経営戦略の分野で活躍。オハイオ州立大学で教鞭を執るなどを経て、現職に至る。アメリカ経営学会の経営政策・戦略部会会長を務めた経歴も持つ。

クローズド・イノベーション…130ページ
研究開発から製品開発まで一貫して自社内部の経営リソースだけを使って進め、製品・サービスを提供するイノベーション。

オープン・イノベーション…132ページ
自社のイノベーションを促進するため、意図的かつ積極的に外部との技術や知識の流出入を活用し、市場機会の増加を目指すこと。ヘンリー・チェスブロウによって提唱された。

第 4 章

これまでの常識が変わる最新マーケティング理論

日進月歩で進化するマーケティングの分野では、長らく常識とされた有名理論が、最新理論によって覆されることがあります。これは古い理論が間違っていたわけではなく、時代の流れとともに社会の仕組みや人間の価値観が変化し、理論もそれに合わせて進化しているからです。

マーケティングの新常識

1

「ターゲットマーケティング」は時代遅れになりつつあるのですか？

POINT

ターゲットを絞りすぎると機会損失につながる

顧客の流動性を正しく認識しよう

これまでマーケティングの世界では、顧客層を明確に定義する「ターゲットマーケティング」こそが効果的であると主張されてきました。

これに対し、『ブランディングの科学』（朝日新聞出版）の著者として知られるバイロン・シャープは、**マーケティングにおいて重要なのは「とにかく新規顧客を増やすこと」であり、そのためには特定の顧客層のみにターゲットを絞らない「マスマーケティング」の考え方が重要**だと説いています。

ここで併せて紹介したいのが、USJの業績をV字回復させた森岡毅と今西聖貴による共著『確率思考の戦略論』（KADOKAWA）にある事例です。かつてUSJは業績が低迷していました。ターゲットを映画ファンに絞った結果、来場者層が大人の独身女性に集中したためです。ターゲットの絞り込みすぎが、低迷の理由でした。そこで森岡氏はターゲットをあえて絞らず、ハリー・ポッター、ハロウィーン、ポケモンなど様々なアトラクションなどを用意し、多くの顧客にきめ細かな施策を打ち続け、USJはV字回復しました。

過去にもマスマーケティングがもてはやされましたが、そこでの問題は全顧客の施策を同じにしたことです。その反省で生まれたターゲットマーケティングは、顧客の絞り込みすぎによる問題が起きました。そこで現在、**幅広い顧客層にきめ細かくマーケティングを展開する方法が注目されている**のです。

お答えしましょう!

近年は客層に幅を持たせ、細かくマーケティングを行う「マスマーケティング」の発展形が広まっています。

■ 現代のマスマーケティングとは?

USJ（ユニバーサル・スタジオ・ジャパン）の例

ターゲットマーケティング
顧客を絞り込んでアプローチする

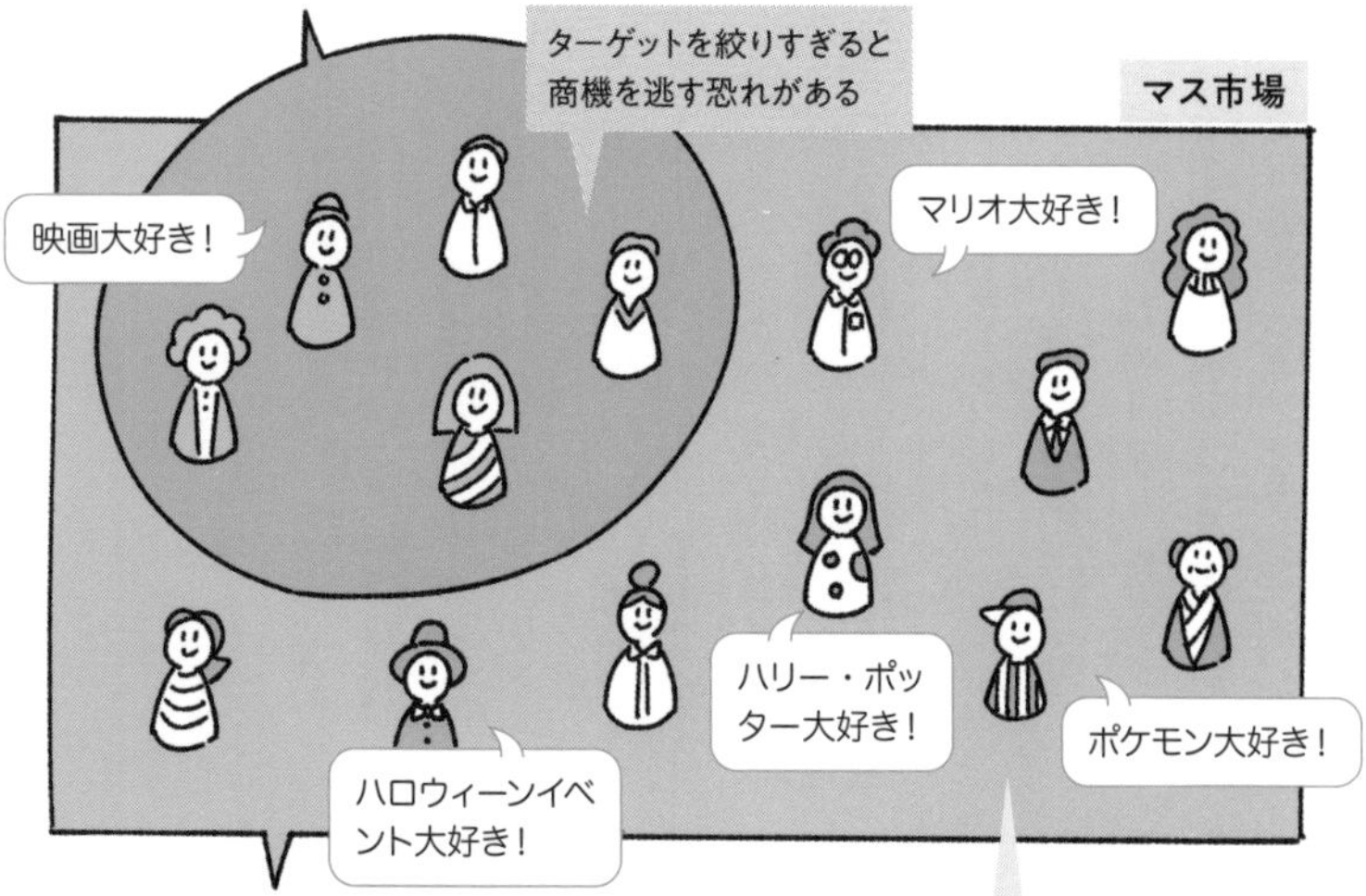
ターゲットを絞りすぎると商機を逃す恐れがある
マス市場
映画大好き！
マリオ大好き！
ハリー・ポッター大好き！
ポケモン大好き！
ハロウィーンイベント大好き！

現代のマスマーケティング
幅広い層へきめ細かなマーケティング施策でアプローチする

幅広い顧客それぞれのニーズに合わせたマーケティングを行う

KEYWORD

マスマーケティング……消費者の特性を無視した画一的なマーケティング手法であり、前時代的と揶揄された時期もあったが、現代ではその有効性が再評価されている。

マーケティングの新常識
2

マスマーケティングが効果的なのはどのようなときですか？

POINT
売上に対するライトユーザーの貢献度は実に大きい

ライト層へのアピールを欠かさないコカ・コーラ

あなたはコカ・コーラをどのくらいの頻度で飲みますか？私は年に1～2回程度です。あなたの周りの人たちも、そんな人が多いのではないでしょうか。

コカ・コーラは大金を使って広告を出しているのに「現実にはあまり飲まない人ばかり。広告がムダにならないのかな」と心配になってしまいますよね。

実はコカ・コーラ社が広告で狙っているのは、まさにそんな人たちなのです。

バイロン・シャープは『ブランディングの科学』（朝日新聞出版）で、コカ・コーラの購買状況データを示しています。それが左の図です。

図からもわかるように、コカ・コーラ購入者の過半数は年0～2回しか飲まないライトユーザーです。意外なことに、私たちはまさに典型的なコカ・コーラの顧客なのです。

ライトユーザーの多くはブランドに興味がありません。そんな人々に訴求するには、**前提として商品を「いつでもどこでも誰にでも販売」できる状態にしておくことが重要**です。彼らはコカ・コーラという企業が特に好きなわけではありません。一定の知名度があり、なおかつ自販機やコンビニなどの身近な場所で手に入る飲料ならば、正直なんでもよいのです。

こうした状況では、マスマーケティングを意識した大規模な広告や、多様なニーズに対応できる幅広い商品展開が効果を発揮します。自社に興味のない大多数の人をいかに取り込むかがブランド維持のカギなのです。

お答えしましょう！

多くのライトユーザーを取り込みたい場合、マスマーケティングは大変有効です。

■ 英国におけるコーラ購買者の割合と購買回数（2005年）

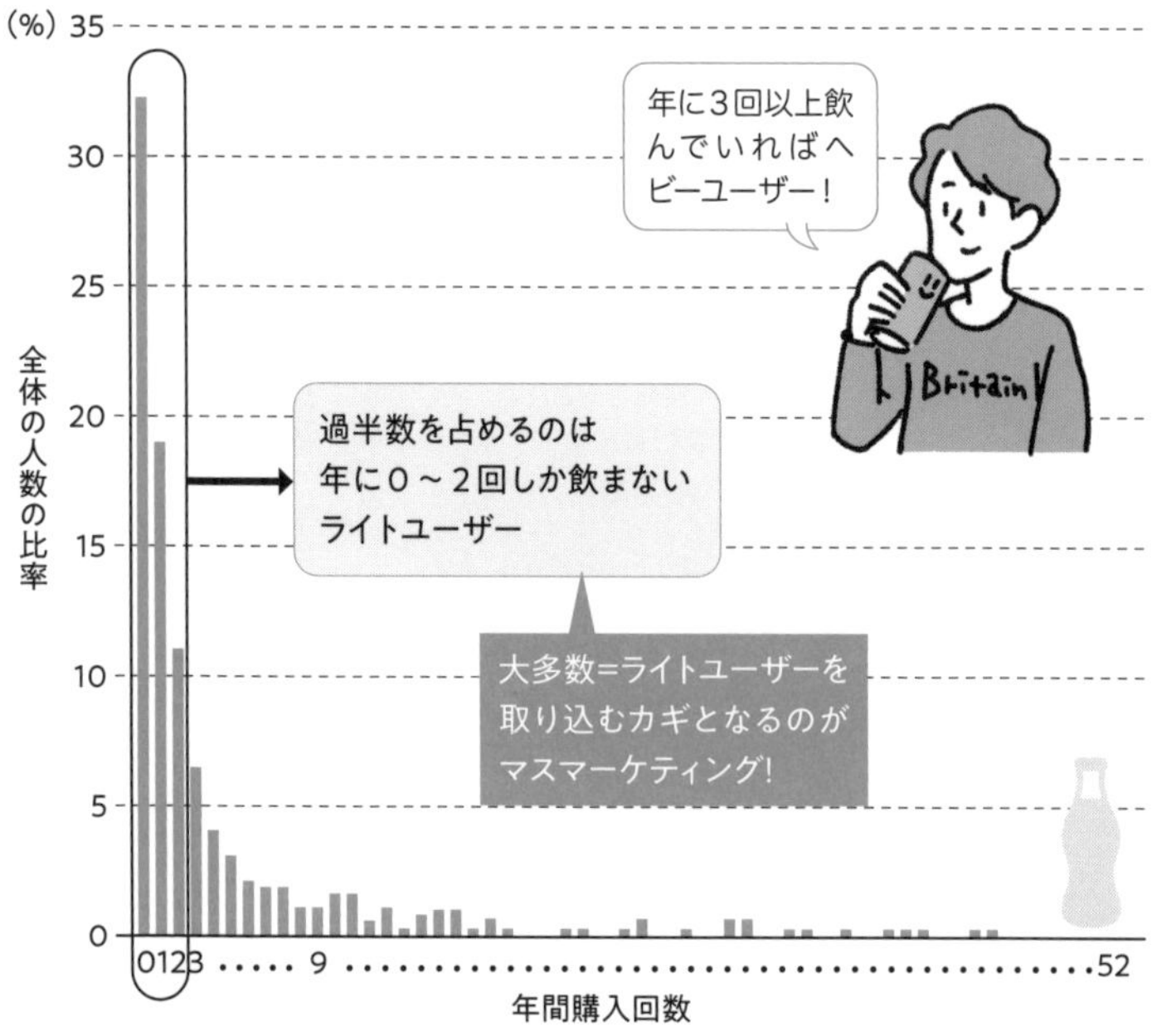

(%)
35
30
25
20
15
10
5
0
全体の人数の比率
年に3回以上飲んでいればヘビーユーザー！
Britain
過半数を占めるのは年に0～2回しか飲まないライトユーザー
大多数=ライトユーザーを取り込むカギとなるのがマスマーケティング！
0123 ..... 9 52
年間購入回数

データソース：TNT社　出典：『ブランディングの科学』（朝日新聞出版）を一部改変して掲載

KEYWORD

ライトユーザー……ある企業の製品をごく稀にしか利用しない顧客層。以前のマーケティングにおいては軽視されがちだったが、売上に占める割合は多いため、近年、重要視されている。

ブランドポジショニングという考え方はもう古いのですか？

お答えしましょう！

近年は「CEP（カテゴリーエントリーポイント）」という考え方が登場しています。

■ 売上を左右するCEPとは？

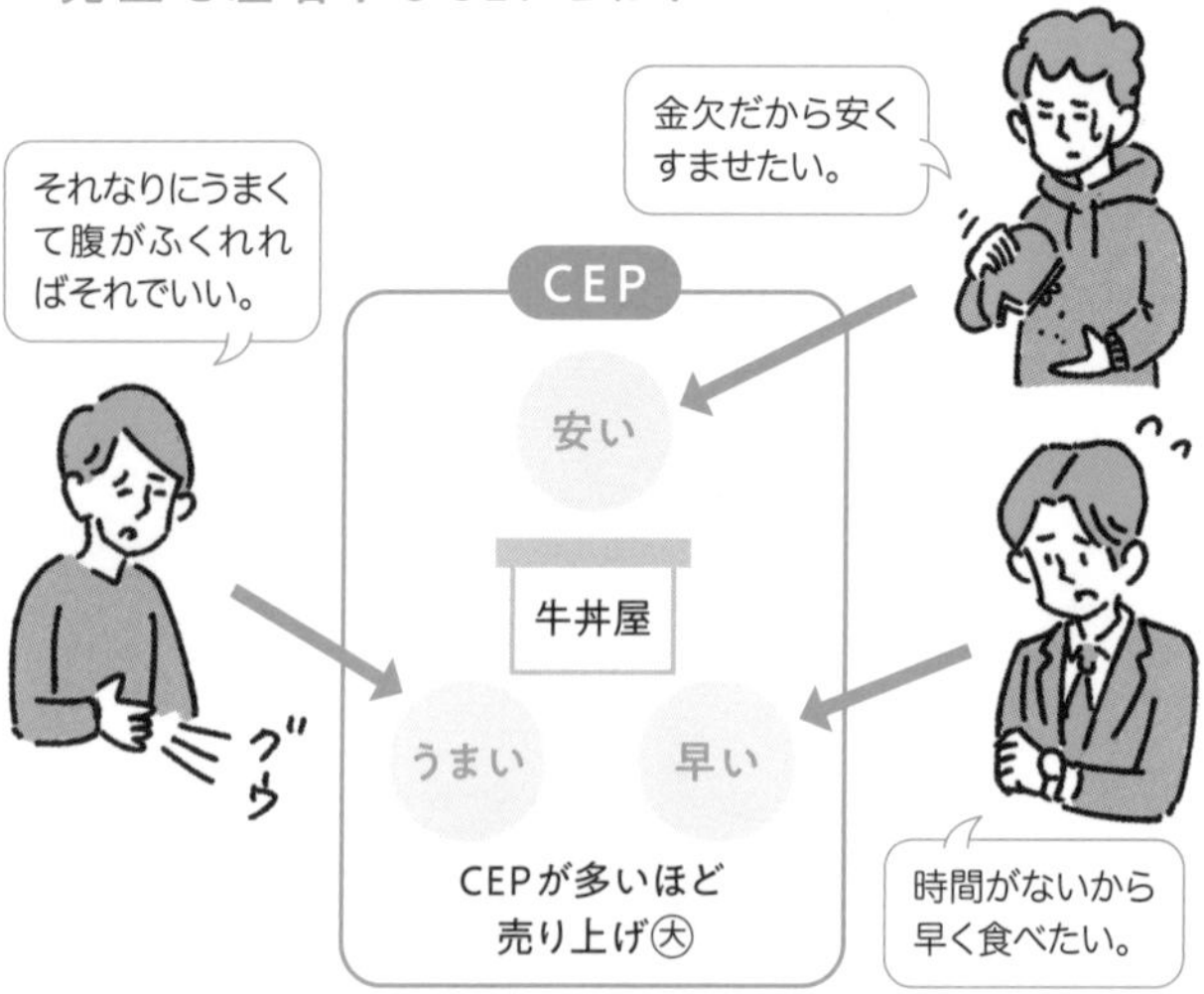
金欠だから安くすませたい。
それなりにうまくて腹がふくれればそれでいい。
CEP
安い
牛丼屋
うまい
早い
グゥ
時間がないから早く食べたい。
CEPが多いほど売り上げ㊅

業界に広まりつつある「CEP」という考え方

第2章の後半ではブランドの持つ力とその構築方法について説明しましたが、近年、そうした従来のブランドポジショニングの考え方に一石を投じる主張が登場しました。

バイロン・シャープによる著書の続編『ブランディングの科学 新市場開拓篇』（朝日新聞出版）によれば、**重要なのは顧客が製品を購入する際の状況や動機との接点を指す「CEP《シーイーピー》」**だとしています。

POINT
顧客の購買理由や状況とのリンクをいかに増やすかがカギ

■トルコにおけるコーラのCEP比較（2014年）

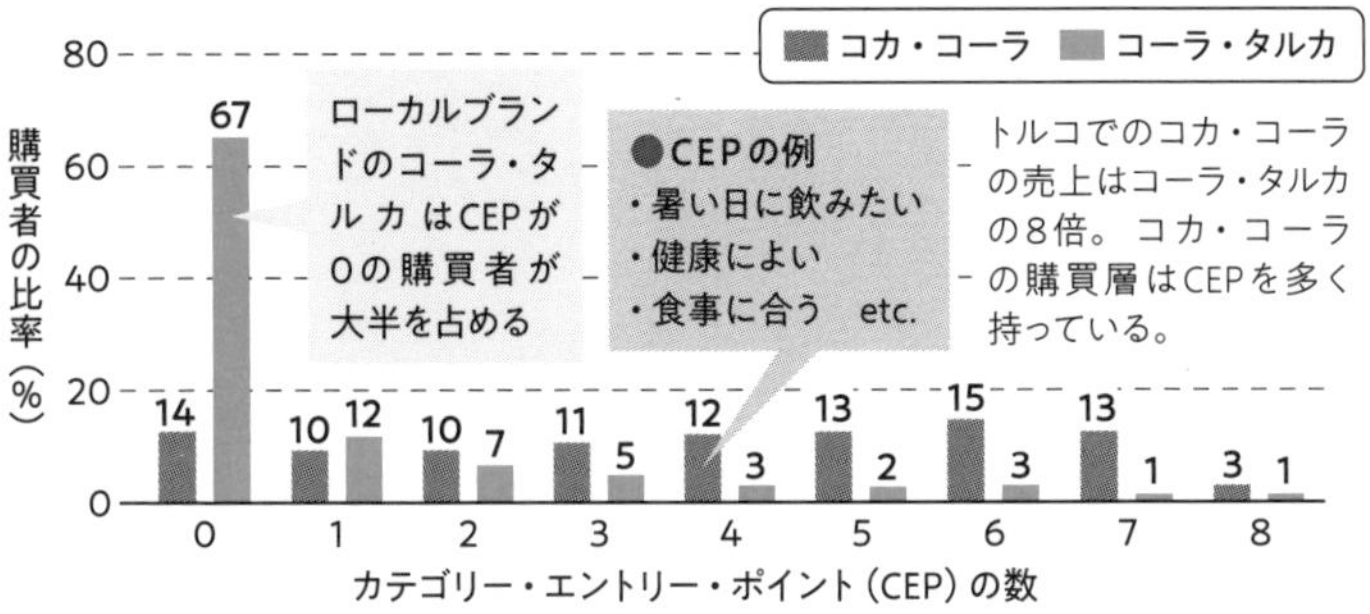

コカ・コーラ
コーラ・タルカ
80
60
40
20
0
購買者の比率（％）
67
14
10 12
10 7
11 5
12 3
13 2
15 3
13 1
3 1
0 1 2 3 4 5 6 7 8
カテゴリー・エントリー・ポイント（CEP）の数
ローカルブランドのコーラ・タルカはCEPが0の購買者が大半を占める
●CEPの例
・暑い日に飲みたい
・健康によい
・食事に合う　etc.
トルコでのコカ・コーラの売上はコーラ・タルカの8倍。コカ・コーラの購買層はCEPを多く持っている。

出典：『ブランディングの科学 新市場開拓篇』（朝日新聞出版）（一部追記して掲載）

連想される要素の多さが製品の売上を左右する

マーケティングにおける従来の常識では、「このブランドといえば○○」と顧客に強く連想してもらえるポジションを確立することが重要視されてきました。これに対してバイロン・シャープは、「暑い日に飲みたいのは○○」、「料理と一緒に飲みたいのは○○」といったように、**顧客が製品を欲する状況や理由（CEP）の多さこそが、売上を左右する**と主張しています。

この考えに基づけば、製品の販売において大切なのは、いつ、どこで、誰に、どんな状況で、何のために、どんなふうに使ってもらうのかといった、より多くのCEPで確実かつ真っ先に想起してもらえるようにすることです。

顧客との間でより多くの強固なCEPを創出できれば、その製品の売上は自ずと伸びていくでしょう。

KEYWORD
CEP……カテゴリーエントリーポイントの略。カテゴリー（同じ便益を与える商品やサービスの集まり）から選ぶ際の理由や状況。

顧客に自社製品を選んでもらう方法はありますか？

プレファランスを高める好循環を作り出そう

顧客が製品を選ぶ際の理由や状況を指す「ＣＥＰ」を増やすことが売上増加のカギであると説明しました。

ＣＥＰを増やして自社の製品が選ばれるためには、顧客自身の「プレファランス（好み）」を高める必要があります。１３６ページでもご紹介した『確率思考の戦略論』（ＫＡＤＯＫＡＷＡ）によれば、プレファランスは次の３つの要素で決まります。

ひとつ目は「**ブランド・エクイティ**」で、これは86ページで紹介した「ブランド資産」のこと。ブランドが有する知名度や品質イメージなどの可視化できない資産の総体を指します。顧客からの信頼度や愛着度が高ければ、それだけ製品を選んでもらえる機会が増えるということです。

２つ目が「**製品パフォーマンス**」で、機能や効能が重視される家電や薬といったジャンルにおいては、この要素がプレファランスを大きく左右します。逆に、ミネラルウォーターなどの違いがわかりにくい製品においては影響力が小さくなります。

３つ目の「**価格**」は、低いほうが顧客に好まれそうですが、継続的に消費者を満足させる原資を得るには、適切な利益を乗せた価格に設定すべきです。

広告などでブランドのイメージを発信しつつ、製品の質を保ち、顧客が納得する範囲で値上げをして、さらなるブランド価値や品質の向上につなげる。顧客のプレファランスを高めるには、こうしたサイクルを構築することが重要なのです。

POINT

「プレファランス」の向上に経営資源を集中させよう

お答えしましょう!

重要なのは「ブランド・エクイティ」「製品パフォーマンス」「価格」という3つの要素です。

■ プレファランスを決定する3要素

この有名ブランドの
服がお気に入りなん
だよね〜。

1 ブランド・エクイティ

ブランドと消費者の関係性の深さを表す概念。

2 製品パフォーマンス

機能や効能が重視されるジャンルでは影響大。

おくすり

3 価格

値段を下げるよりも中長期的には適切な価格が正解。

PREMIUM
QUALITY
PRODUCT
PRICE
¥6,000
¥2,000
PRICE
¥800

出典:『世界のエリートが学んでいるMBAマーケティング必読書50冊を1冊にまとめてみた』(KADOKAWA)を参考に作成

KEYWORD

プレファランス……あるカテゴリー内において、その製品がライバルと比べてどれだけ顧客に選んでもらえるかを示す相対的な好意度(好み)。

サービス・マーケティングでは「4P」が通用しないのでしょうか？

お答えしましょう！

形を持たないサービスにおいては、要素をより細かく分けた「8P」で考えましょう。

■ サービス・プロダクトのイメージ

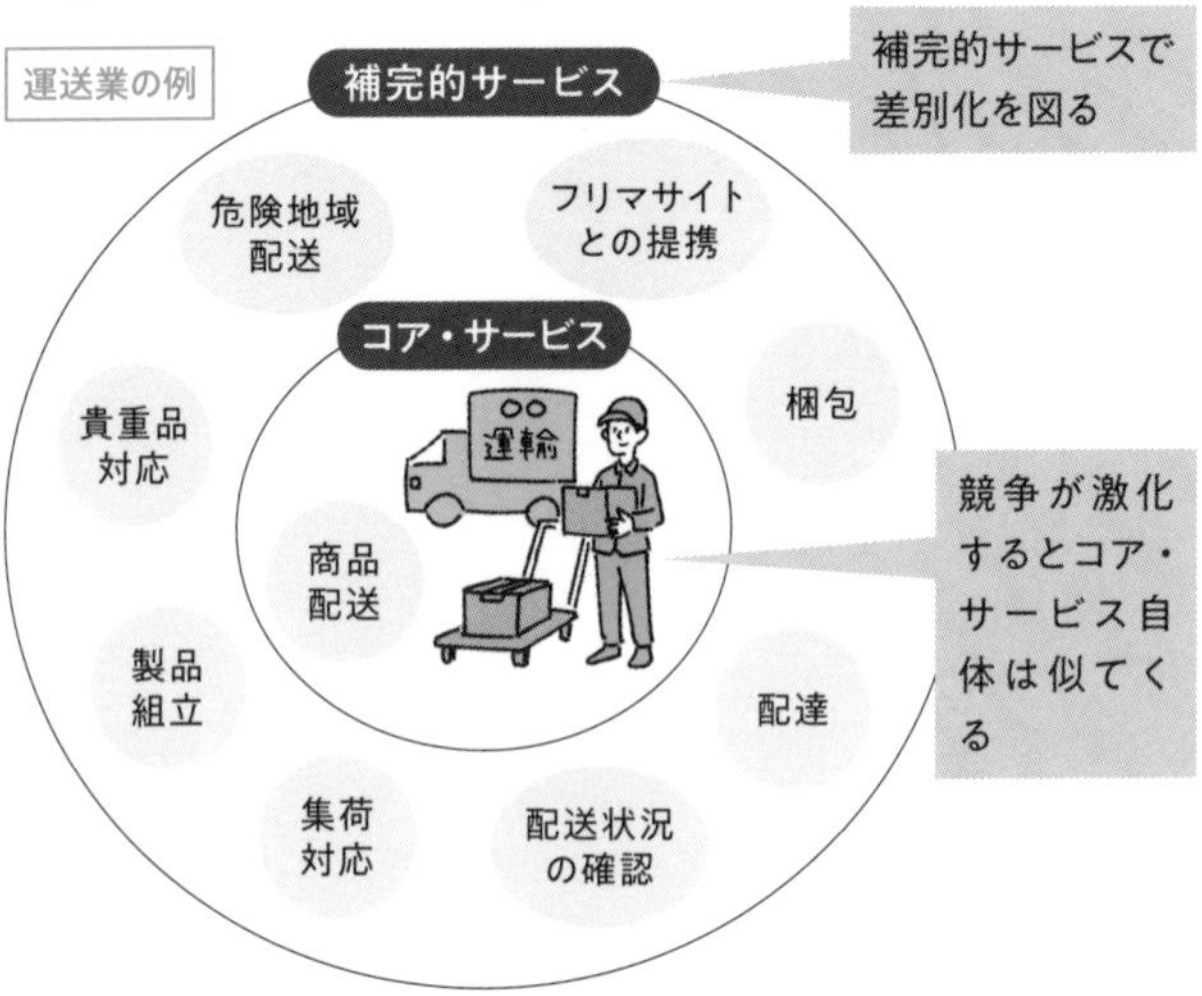
運送業の例
補完的サービス
補完的サービスで差別化を図る
危険地域配送
フリマサイトとの提携
コア・サービス
梱包
貴重品対応
運輸
商品配送
競争が激化するとコア・サービス自体は似てくる
製品組立
配達
集荷対応
配送状況の確認

サービスと製造業の違いを意識しよう

サービス・マーケティングの教科書として知られる『ラブロック&ウィルツのサービス・マーケティング』（ピアソン・エデュケーション）によれば、製造業向けの「4P」に対し、**サービス業においては要素をより細かく分けた「8P」の考え方が必要**だとされています。

第1の要素である「サービス・プロダクト（製品）」は、コア・サービスと補完的サービスで構成されます。競争が激化す

POINT

サービスには形がないため、マーケティングの手法も変わる

■ サービス業における「8P」の考え方

❶ サービス・プロダクト（Product elements）
❷ 場所と時間（Place & time）
❸ 価格とその他のコスト（Price & other user outlays）
❹ プロモーションと教育（Promotion & education）
❺ サービス・プロセス（Process）
❻ 物理的環境（Physical service environment）
❼ 人（People）
❽ 生産性とサービス品質（Productivity & quality）

出典：『世界のエリートが学んでいるMBAマーケティング必読書50冊を1冊にまとめてみた』（KADOKAWA）を参考に作成

るとコア・サービスは似通ってくるので、補完的サービスで差別化を図る必要があります。必要に応じて補完的サービスを有料にするのもアリです。

第2の要素は「場所と時間」で、アクセスしやすい立地の店舗や、24時間対応の予約システムを用意するといった、顧客の利便性を考慮したサービスの提供方法が求められます。

第3の要素は「価格とその他のコスト」です。ポイントは、サービスの購買は価格だけで決まらないこと。顧客は待ち時間、手間、違和感、不便さなどのコストも含めて判断します。だから値段以外の部分のコストが下がれば高価格も受け入れます。

第4の要素は「プロモーションと教育」です。サービスが無形でほかとの違いがわかりにくい以上、顧客に実際に体験してもらったり、口コミで紹介してもらったりといった手法が有効です（次項に続く）。

KEYWORD
補完的サービス……サービス提供に伴い補完的に発生するもの。レストランならワイン、会計、予約、ウェイターなど。

「8P」について詳しく教えてください！

環境や人材などの要素を連動させ相乗効果を狙う

前項に続き、ここではサービス・マーケティングの「8P」を構成する要素について後半の解説をしていきます。

第5の要素となる「サービス・プロセス」は、顧客にサービスが提供される過程のことです。サービスを向上させるには、サービスを受ける際の顧客の負担や従業員のミスを減らす必要がありますが、そこで役立つのが「**サービス・ブループリント**」でサービスを見える化する手法です。これによってサービスのプロセスを見直し、ムダを省いて再設計を行うのです。

第6の要素「物理的環境」は、サービスが提供される物理的空間の快適さのこと。優れた環境は顧客満足度だけでなく、従業員の生産性も高めるので、音や匂い、色彩など、細かい点にまで気を配りましょう。

第7の要素は「人」。サービスの成否を決めるもっとも大事な要素は接客であり、そのための優秀な人材の確保・育成は最優先事項です。高い報酬で優れた人材を集め、高収益を実現してさらに人材に投資する成長サイクルを生み出すことが、サービス企業が目指すべき理想形といえるでしょう。

最後となる第8の要素は「生産性とサービス品質」です。両者を高いレベルで維持するには、常に顧客視点で自社のサービスを評価し、地道に改善を続けていくのが王道です。

サービス・マーケティングにおいては、これら「8P」の要素を密接に連動させ、相乗効果を生み出すことが重要です。

POINT

「8P」の要素は密接に関係しているため、連動させて考える

お答えしましょう！

サービス業を成功させるために大切な考え方で、定期的に見直し、常に相乗効果を生み出すことも肝心です。

■ サービス・ブルー・プリントの例

簡略化したレストランのサービス・プロセス

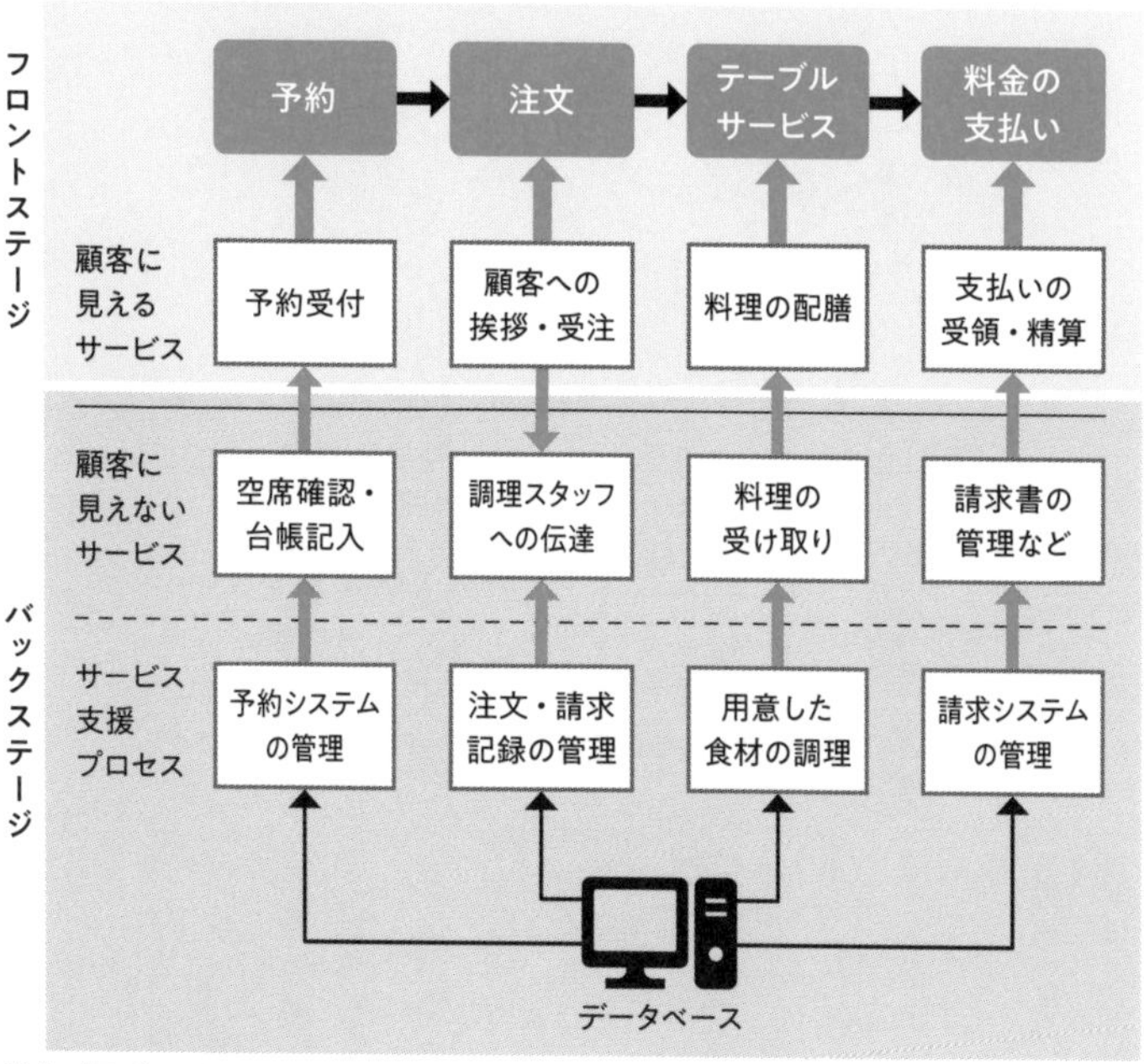

出典：『ラブロック&ウィルツのサービス・マーケティング』（ピアソン・エデュケーション）
（一部改変して掲載）

KEYWORD

サービス・ブルー・プリント……製品やサービスが提供される内部のプロセスを時系列順の図にして分析し、隠れたムダやリスクを可視化するための手法。

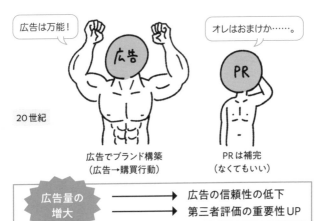

強いブランドを作るには広告よりもPRが大事なんですか？

お答えしましょう！

その通りです。広告とPRの役割の違いを把握して使い分ける必要があります。

■ 広告が主役だった20世紀も「今や昔」

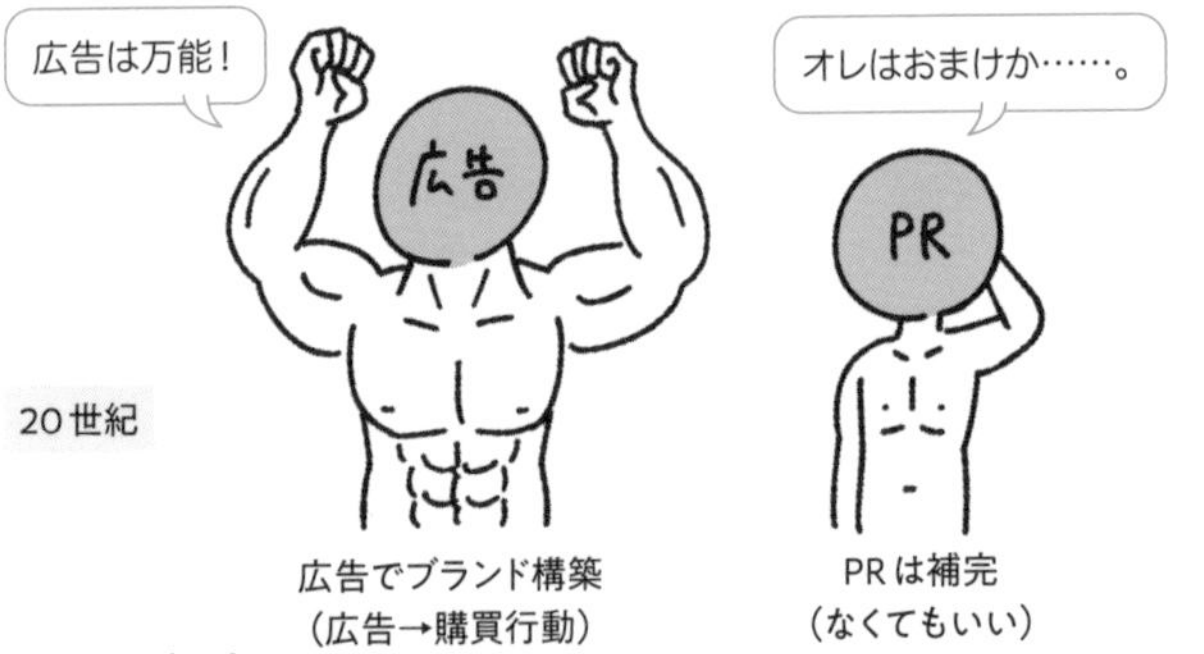
広告は万能！
オレはおまけか……。
広告
PR
20世紀
広告でブランド構築
（広告→購買行動）
PRは補完
（なくてもいい）

広告量の増大 → 広告の信頼性の低下
→ 第三者評価の重要性UP

出典：『世界のエリートが学んでいるMBAマーケティング必読書50冊を1冊にまとめてみた』（KADOKAWA）を参考に作成

POINT

増えすぎて効果が薄れた広告の代わりにPRが台頭しつつある

ブランド構築の中心となりつつあるPR

世界屈指のマーケティング・コンサルタントであるアル・ライズが娘のローラ・ライズとともに綴った『ブランドは広告でつくれない 広告vsPR』（翔泳社）では、広告に頼らないブランド作りの手法として、PRの重要さが語られています。

ここでいうPRとは、パブリック・リレーションまたはパブリシティなどとも呼ばれる、新聞・テレビなどのメディアを通じてメッセージを間接的に伝

■ 逆転した広告とPRの役割

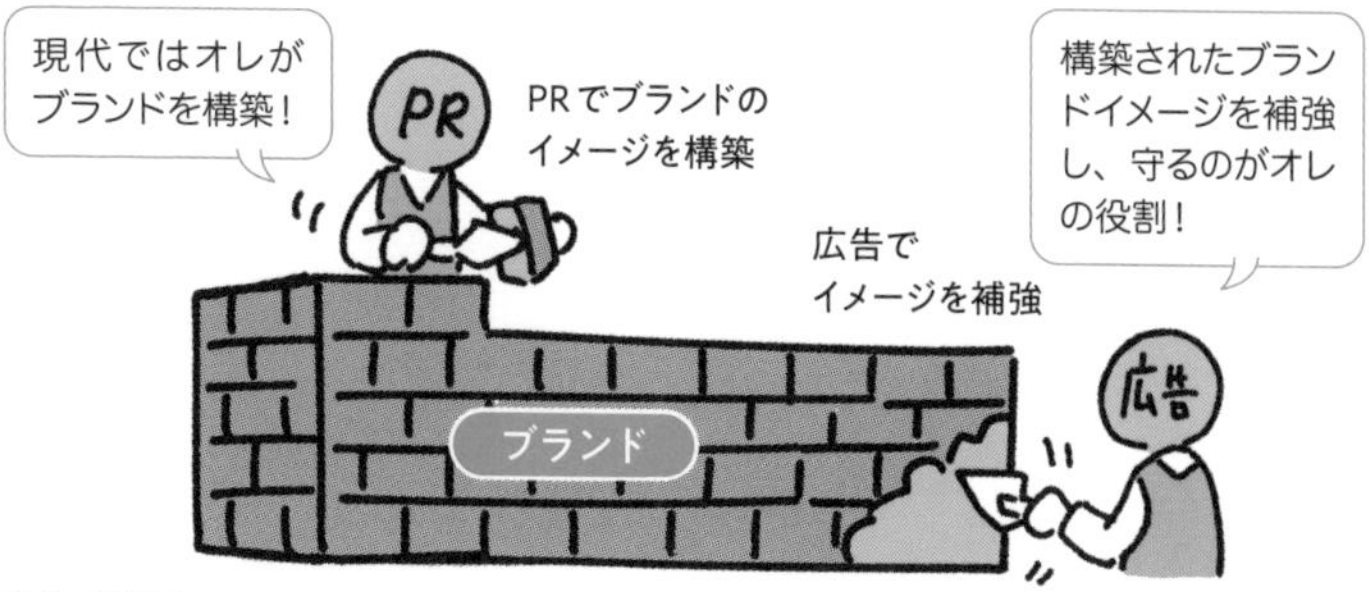

現代ではオレがブランドを構築!
PR
PRでブランドのイメージを構築
構築されたブランドイメージを補強し、守るのがオレの役割!
広告でイメージを補強
ブランド
広告

出典：『世界のエリートが学んでいるMBAマーケティング必読書50冊を1冊にまとめてみた』（KADOKAWA）を参考に作成

える方法を指します。

情報が氾濫する現代において、消費者は企業からの広告を鵜呑みにしません。しかし、**偏見がないメディアから発信される第三者情報としてのPRならば、世間の信頼を得やすい**のです。自社の得意分野に絞ってアピールし、それをメディアで取り上げてもらうことで、現代のブランドは構築されるのです。

広告に求められるブランド防衛の役割

PRの台頭とともに広告はお役御免かというと、そうではありません。広告には、**PRで構築したブランドの認知を増進あるいは維持し、その地位を防衛する役割があります。**

ここで重要なのは、目新しいものを発信しようというクリエイティブな思考にとらわれず、PRで発信する情報と首尾一貫させることです。PRと広告をうまく組み合わせることができれば、ブランドはより強固なものになるでしょう。

KEYWORD

PR……企業などの組織がメッセージを伝えるために行う活動のこと。費用をかけた広告とは区別される。

マーケティングの新常識

8

疑り深い消費者に対して効果的にアピールするにはどうすればいいですか？

POINT

製品・サービスを作った理由を明示して顧客に共感してもらう

消費者の共感を呼ぶ大義名分を明示しよう

ソーシャルメディアが発達した現代は、消費者が様々な価格情報やレビューにアクセスできるため、20世紀に主流だった煽るようなマーケティングは意味をなさなくなっています。

それでは、どのようなアプローチなら消費者の心を動かすことができるのでしょうか。サイモン・シネックは著書『WHYから始めよ！ インスパイア型リーダーはここが違う』（日本経済新聞出版社）で、**人を突き動かすのは「大義名分」であり、そのためにはWHY（理由）→HOW（手法）→WHAT（製品・サービス）の順で語るべき**と主張しています。これをゴールデンサークル理論といいます。

スティーブ・ジョブズがiPhoneを発表した際には、ボタンばかりの使いづらいケータイが多い現状に挑戦するという、明確な理由・動機（WHY）を示しました。そのためにタッチパネル式のスマホの開発手法（HOW）を確立し、結果としてiPhoneという製品（WHAT）を作った、と語りました。

製品やサービスに説得力を持たせるには、このWHY→HOW→WHATの流れを首尾一貫させることです。多くの人はとにかくよいものを作れば売れるという、WHATを出発点とした思考にとらわれがちですが、本当に大切なのは、なぜそれを作ったのかという、企業側の意思（WHY）を明示することです。それによって顧客は企業が信頼に値するかを判断し、共感を得ることができれば、市場で受け入れられていくのです。

お答えしましょう!

合理的に考える消費者が増えた現代において、人の心を動かすのは説得力のある「大義名分」です。

■ 成功を呼ぶゴールデンサークル理論

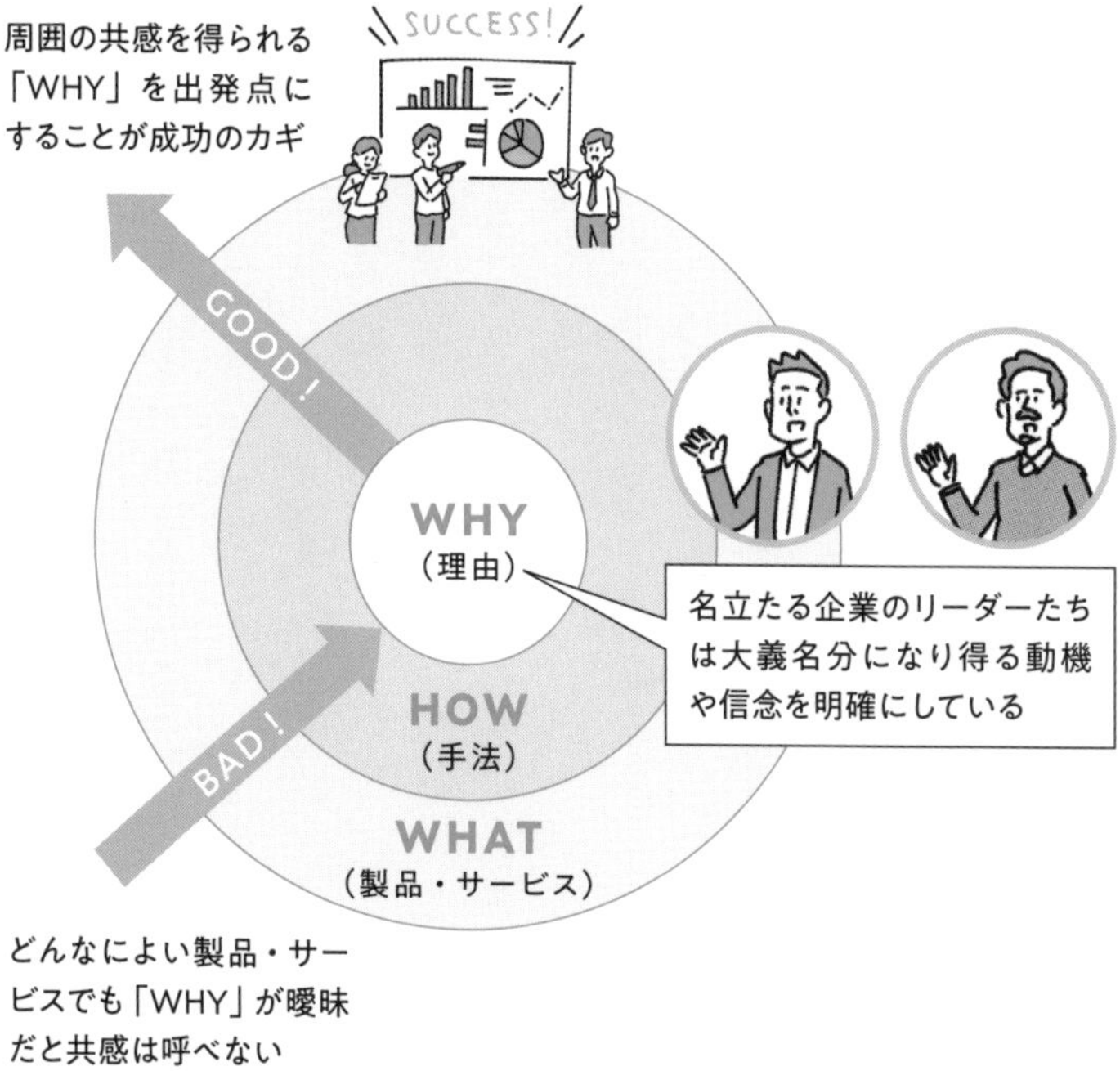

周囲の共感を得られる「WHY」を出発点にすることが成功のカギ
SUCCESS!
GOOD!
BAD!
WHY
(理由)
HOW
(手法)
WHAT
(製品・サービス)
名立たる企業のリーダーたちは大義名分になり得る動機や信念を明確にしている
どんなによい製品・サービスでも「WHY」が曖昧だと共感は呼べない

出典:『世界のエリートが学んでいるMBA経営理論の必読書50冊を1冊にまとめてみた』(KADOKAWA)を参考に作成

KEYWORD

ゴールデンサークル理論……サイモン・シネックが提唱した、WHY→HOW→WHATの順番でモノゴトを語り、相手の共感を獲得する方法論。

マーケティングの新常識
9

チェーンストア理論を正しく実践するにはどうすればいいでしょうか？

POINT
むやみに店舗を増やすだけではチェーンストアは成り立たない

限界論もささやかれるチェーンストア理論

30〜31ページで紹介した世界一の小売業ウォルマートの戦略は単純明快なもので、誰でも実現できそうに思えます。しかし現実には、大量出店した結果、店が管理できずに急激に低迷する小売業が実に多いのです。

こうした企業の多くは、**チェーンストア理論の核である「標準化」**を正しく遂行できていません。この分野の専門家である渥美俊一の著書『21世紀のチェーンストア』（実務教育出版）を参考に標準化の手順を具体的に説明していきましょう。

①その店舗の運営にベストな方法を発見する。
②関係者を教育する。
③ベストな方法を実行可能にする。
④一定期間が過ぎたら、ルールを改善・修正する。
⑤①〜④の手順を繰り返して例外発生を減らす。

④と⑤の作業は特に重要とされますが、低迷する小売業者は大抵これらの手順を怠ったせいで伸び悩んでいます。

このように、チェーンストア理論の基本は本部主導の徹底管理ですが、一方で「チェーンストア限界論」が囁かれるようになり、多くの店が店舗ごとの経営に移行しつつあります。

法政大学の矢作《やはぎ》敏行名誉教授は、「商品別・店舗別・地域別の売上データを把握できることがチェーンストアの強みであり、それを活かして店舗ごとに個別の販売戦略を行うのは自然な流れ」と述べています。**有名理論も時代に合わせて柔軟に進化している**のです。

お答えしましょう!

チェーンストアを成功させるには、展開規模に応じてシステム設計を見直す「標準化」の作業が重要です。

■ チェーンストアの標準化手順

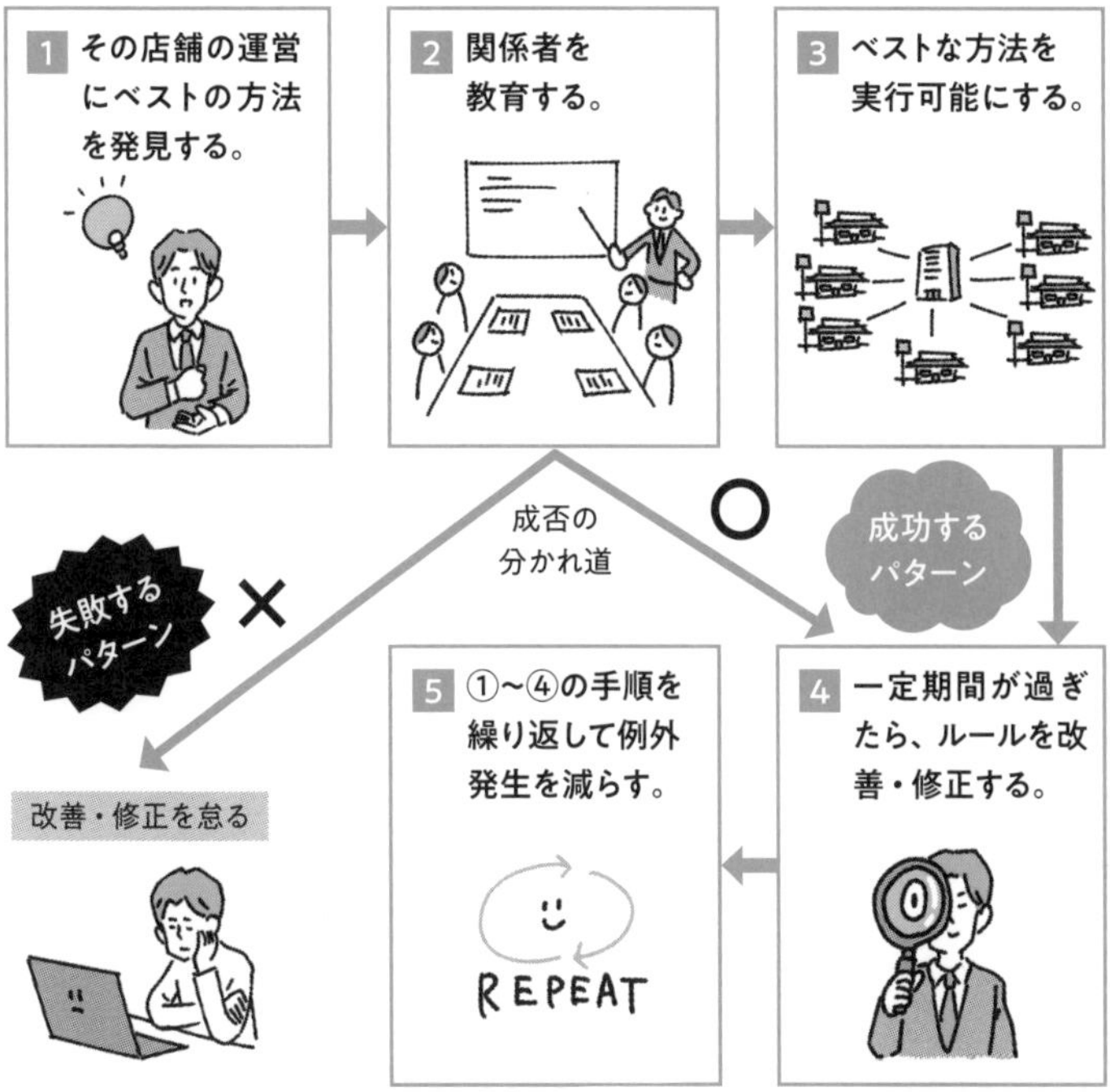

1 その店舗の運営にベストの方法を発見する。
2 関係者を教育する。
3 ベストな方法を実行可能にする。
成否の分かれ道
○
成功するパターン
失敗するパターン
×
4 一定期間が過ぎたら、ルールを改善・修正する。
5 ①～④の手順を繰り返して例外発生を減らす。
REPEAT
改善・修正を怠る

出典：『世界のエリートが学んでいるMBAマーケティング必読書50冊を1冊にまとめてみた』（KADOKAWA）を参考に作成

KEYWORD

標準化……チェーンストア理論においては、店舗運営のルールを定期的に改善・修正することで、製品やサービスの質を担保しつつ、経営効率を向上させることを指す。

CEP……………………140ページ
カテゴリーエントリーポイント。商品やサービスを購入しようと思った際にブランドを思い出させるきっかけのこと。CEPが多いほど、顧客に選ばれやすくなる。

ブランド・エクイティ………142ページ
ブランドが持つ資産価値のこと。ブランドの顧客や市場における無形の付加価値を表現する概念で、デービッド・アーカーによって提唱された。

サービス・マーケティング…144ページ
サービスのマーケティング戦略。情報や金融などの無形サービスを提供する企業の場合、製品のマーケティングとは異なるアプローチが必要になる。

コア・サービス……………144ページ
中核となるサービス。たとえば、ホテルの場合、安全な宿泊がコア・サービスであり、その他のサービスは補完的サービスにあたる。

PR……………………148ページ
パブリック・リレーション（パブリシティ）の略。組織とその周囲の組織や人々との良好な関係構築を目指すコミュニケーション手法。

ゴールデンサークル理論……150ページ
サイモン・シネックが2009年に提唱した手法。WHY→HOW→WHATの順番で物事を説明することで、共感を得ることができるとされる。

チェーンストア理論………152ページ
多数の小売店舗を大規模に展開するための理論。本社で戦略、商品開発、財務を中央集権的に決定し、支店はオペレーションに専念して経営を効率化する。

第 5 章

「顧客」に刺さる！使える！マーケティング術

本章では、より実践的な場面で使えるマーケティングの理論や手法を紹介していきます。法人相手のセールスやサブスクリプションサービスなどにも言及しますので、自分の仕事に役立ちそうな知識があれば、どんどん活用していきましょう！

超実践
マーケティング
1

激動の社会に対応する「マーケティング3・0」とは何ですか？

POINT
時代と価値観に合わせてマーケティングも段階的に変化する

企業の「ミッション」が重要視される時代の到来

現代社会において求められるマーケティングの新たな段階について言及した著書に、『コトラーのマーケティング3・0』（朝日新聞出版）があります。

アメリカの有名な経営学者フィリップ・コトラーらはこの本で、現代におけるマーケティングは人類が直面する社会・経済・環境の劇的変化による課題の解決を目指したバージョン「3・0」に進化すべきと提唱しています。

その理由は、まず「消費者が企業よりも賢くなった」ことです。ネットが普及した現代では、もはや企業よりも消費者のほうが豊富な知識を蓄え、彼らの意見が商品開発に与える影響も大きくなりました。**企業と消費者は、もはや単なる売り手と買い手ではなく、求める製品を世に生み出すための協力関係になっている**のです。

また、急速なグローバル化に伴う各国の経済格差が浮き彫りになり、さらに世界中で環境問題が深刻化するにつれ、消費者の意識も変化しています。もはや、**ただニーズを満たすだけでは消費者は満足せず、そこに「自然を守る」「格差をなくす」といった意味を求めるようになりました**。

現代企業は、いかに社会貢献するかを自社のミッションやビジョンに盛り込み、社外にコミットしていく必要に迫られています。建前だけのミッションを提唱しても、賢い消費者には一瞬で見破られてしまうので、企業は常に己の理念を行動で示さねばならないのです。

お答えしましょう！

企業は単に人間の欲を満たすためではなく、社会全体で取り組むべき課題の解決に向けて努力すべきとする考え方です。

■ マーケティングのバージョン変遷

マーケティング1.0

製品が中心の考え方。作れば売れた時代で、マーケティング・ミックス（4P）が進化した。

マーケティング2.0

消費者が中心の考え方。洗練された買い手に訴えかけるためのセグメンテーションや顧客ターゲティングが進化した。

マーケティング3.0

社会や環境が中心の考え方。よりよい世界を作るための価値の創出が企業に求められるようになった。

出典：『世界のエリートが学んでいるMBAマーケティング必読書50冊を1冊にまとめてみた』（KADOKAWA）を参考に作成

期待以上のサービスを提供すれば、リピーターは増えますか？

お答えしましょう!

サービスの質を上げ続けても、実はリピーターはそこまで増えないことがわかってきました。

■ 顧客ロイヤルティという幻想

店Aには満足だけど店Bや店Cも見てみたい!
あんなにおもてなししたのに行かないで!
SHOP
BYE
BYE

顧客がロイヤルティ（忠誠心）を抱くのは稀であり、満足度が高いだけではリピーターにならない

顧客ロイヤルティという名の幻想

これまでマーケティングの世界で主流とされた考え方のひとつに、「顧客ロイヤルティ」があります。

アメリカでも有数のコンサルタントとして知られるフレデリック・F・ライクヘルドが提唱したこの概念は、顧客のロイヤルティ（忠誠心）が高いほど購入の頻度や金額は上がり、他人に勧める機会も増えるというもの。多くの企業は顧客ロイヤルティを高めるために、顧客の期

POINT

顧客は企業に対してロイヤルティ（忠誠心）など持っていない

■ 期待を上回っても見返りは少ない

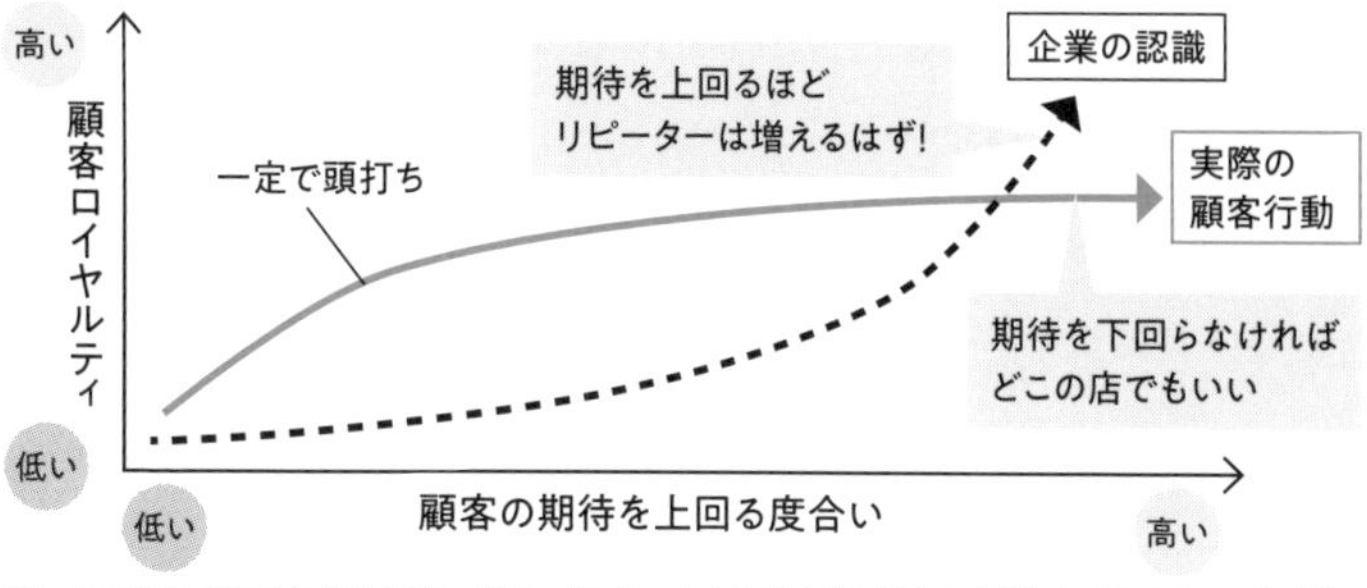

データ：顧客9万7176名を対象　出典：『おもてなし幻想』（実業之日本社）（一部改変して掲載）

待を上回るサービスの提供を目指してきました。

企業が考えるより顧客はシビアである

そんな業界の常識を覆すデータを示したのが、『おもてなし幻想』（実業之日本社）の著者であるマシュー・ディクソンらでした。

彼が約9万7000人を対象に行った調査によれば、単に期待が満たされただけの顧客と、期待を上回るサービスを提供された顧客を比較しても、ロイヤルティに大きな差は生じなかったのです。

顧客は約束されたクオリティのサービスが提供されれば満足で、それ以上のものは望んでいないのです。企業に対して「忠誠心」なんてものを抱くのは稀であり、現代の顧客は特に、品揃えや価格などの情報を素早く判断してシビアに店を選びます。そんな相手に対し、企業側は今後どのような対策を打つべきなのでしょうか。

KEYWORD
顧客ロイヤルティ……顧客が特定の企業に対して抱く愛着・忠誠心のこと。ロイヤルティの高い顧客＝常連のお得意様。

超実践マーケティング 3

顧客の満足度を高めるにはどうすればいいのでしょうか？

POINT
企業に求められているのは「顧客努力」の削減

スムーズな購入体験が顧客の満足度を高める

期待以上のサービスを提供してもムダなら、企業はどうやって顧客の満足度を高めればいいのでしょうか。

前項で紹介した『おもてなし幻想』（実業之日本社）によれば、その答えは「**徹底して顧客の手間を省く**」ことです。

あなたは製品を購入した際、初期不良などの不具合に出くわしてしまい、サポートセンターに連絡するといった、本来ならば必要ない作業を強いられたことはありませんか？

本書の調査では、なんらかのトラブルによって顧客サポートとやりとりする必要が生じると、その企業に対する印象は4倍悪化するという結果が出ています。これが「**顧客努力**」という概念です。

製品やサービスの提供に際して顧客に「手間」や「労力」を強いることは、顧客満足度を大きく減少させ、売上低下を招くのです。

逆にそうした顧客努力を徹底的に省いている企業は、多くの顧客から気に入られて長く利用されます。顧客努力は「**顧客努力指標**（**CES**）」を用いることで測定でき、どの部分に顧客の労力が集中しているかを把握すれば、改善の方向性も決めやすくなります。

重要なのは、製品やサービスの質を必要以上に高めることではなく、その提供の過程における**顧客努力を極力減らすこと**。現代企業が採用すべきは「プラスを増やすのではなく、マイナスを減らそう」という考え方なのです。

お答えしましょう!

現代においては「手間のかからないサービス」であることが顧客の満足度を大きくアップさせます。

■ 顧客努力指標(CES)の算出例

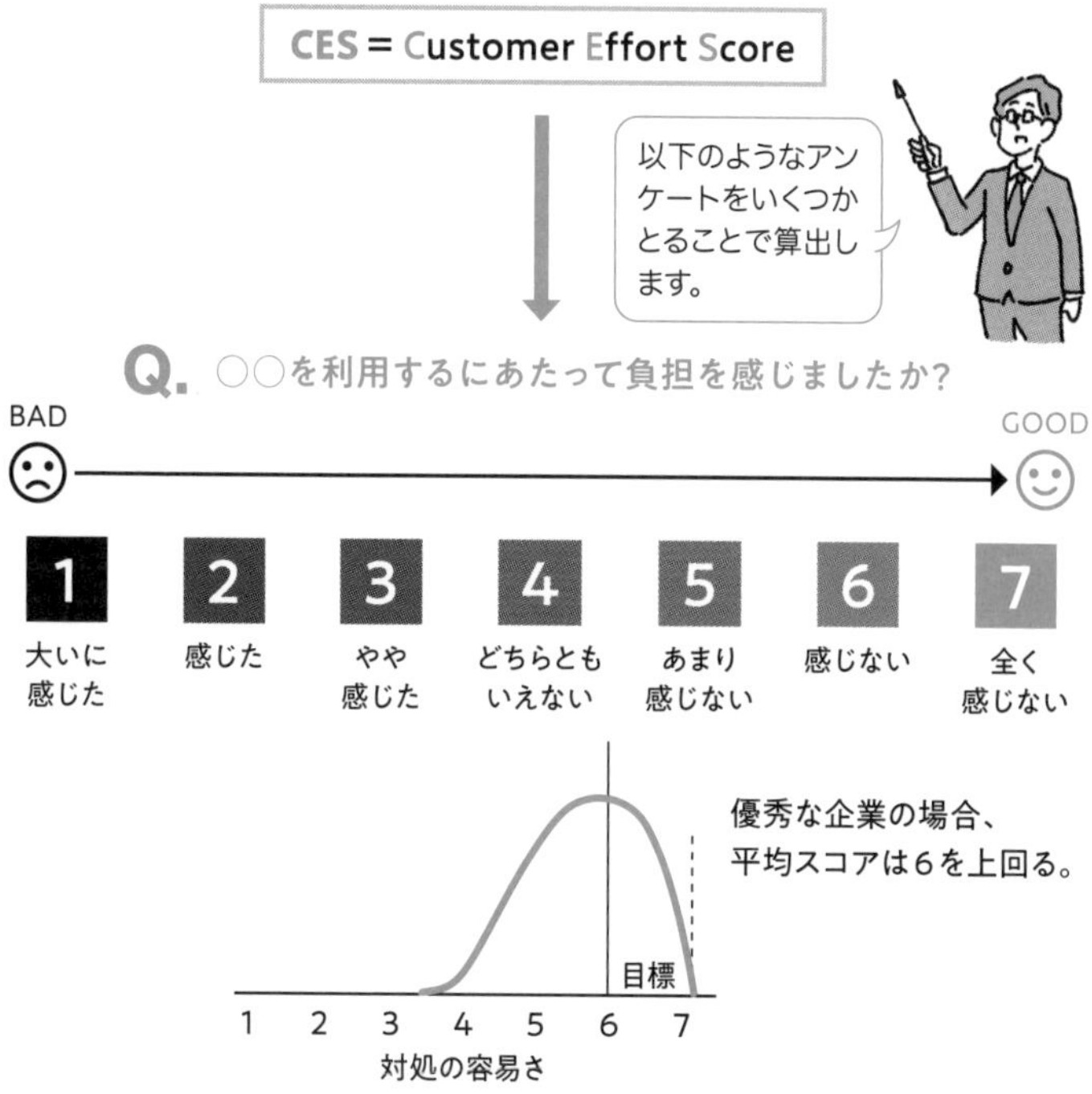

CES = Customer Effort Score
以下のようなアンケートをいくつかとることで算出します。
Q. ○○を利用するにあたって負担を感じましたか?
BAD
GOOD
1 大いに感じた
2 感じた
3 やや感じた
4 どちらともいえない
5 あまり感じない
6 感じない
7 全く感じない
優秀な企業の場合、平均スコアは6を上回る。
目標
1 2 3 4 5 6 7
対処の容易さ

出典:『おもてなし幻想』(実業之日本社)を参考に作成

KEYWORD

顧客努力指標(CES)……顧客が自身の求めるサービスや製品を受け取るまでに要した「手間」や「労力」を測定する指標。

どのように価格を設定すれば売上と利益を最大化できますか？

POINT

顧客ニーズに合わせた複数の価格を設定すると利益は増える

価格戦略の基準となる具体的な4つの方法

製品やサービスの値段を決めるにあたっては、価格戦略の第一人者であるヘルマン・サイモンらが記した『価格戦略論』（ダイヤモンド社）という本が参考になります。

サイモンはこの本の中で、**購入するかどうかの判断基準や払える金額は顧客ごとに違うため、それぞれのニーズに応えるには、複数の価格を設定する必要がある**と述べています。

すべての顧客ごとに最適な価格を設定できれば、得られる利益は最大化されますが、実際にはそこまで細かく価格を設定するのは困難です。

そこで登場するのが「プライス・カスタマイゼーション」という考え方。

具体的には、次の4つの方法で特定の状況・条件に合わせた価格設定を行います。

①製品ラインアップ

旅客機のファーストクラスやビジネスクラスといったように、グレード別の製品やサービスを用意します。

②顧客別に管理

取引量や総購入額に応じてステージ別の優待を行います。

③購入者の特性

「子ども半額」「女性割引」といった年齢や性別などによる価格分けを行います。たとえば、焼肉食べ放題で年齢別割引をする店もあります。

④取引特性

週末と平日で価格を分けたり、大量購入の場合に割引を行ったりします。

これらを組み合わせて、より広い顧客層をカバーするのです。

お答えしましょう！

顧客ごとに細かく価格を設定する「プライス・カスタマイゼーション」が有効です。

■ プライス・カスタマイゼーションの例

1 製品ラインアップ

製品をグレード別に用意し、その中から好みのものを顧客に選ばせる。

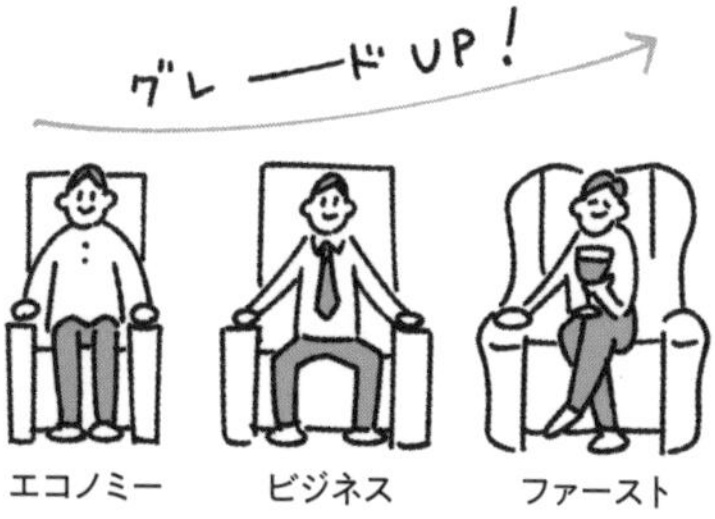

2 顧客別に管理

取引量や総購入金額に応じて価格を変える。

3 購入者の特性

子ども、女性、シニア、学生など、買い手の特徴ごとに価格を変える。

4 取引特性

取引のタイミングや場所、量に応じて異なる価格を設定する。

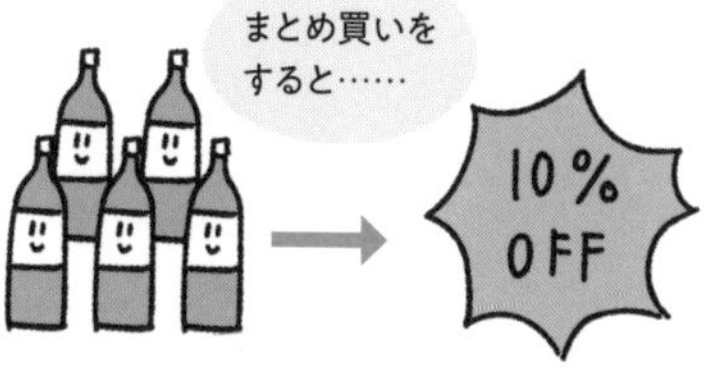

出典：『世界のエリートが学んでいるMBAマーケティング必読書50冊を1冊にまとめてみた』（KADOKAWA）を参考に作成

KEYWORD

プライス・カスタマイゼーション……製品やサービスが販売される状況や条件に応じて細かく価格を設定する戦略。

超実践
マーケティング
5

競争に勝つためには値下げしてでも売るべきですよね？

POINT
値下げは最終手段なので、できるだけ避ける

値下げをしない工夫と進む価格設定の自動化

どれだけ売上が伸び悩んでいても、値下げはおすすめしません。価格を下げると、安さに釣られた顧客が集まり一時的に売上はアップしますが、やがて顧客はその状態を当たり前に感じるようになります。そこで元の価格に戻すと、顧客は一気に離れてしまうのです。

製品やサービスの価値は安さだけでは決まりません。本来ならば価格以外の要素の改善を十分に検討すべきです。それでも値下げしなければならない場合は、「**適応型プライシング**」という価格戦略に沿った手法をとるようにしましょう。

この戦略では、商品の価格自体を下げるのではなく、ターゲットを絞り込み、時間や場所といった条件を限定して実質的な値引きを行います。「期間限定で1個増量」などが具体例で、こうした手法は前項で紹介した「プライス・カスタマイゼーション」の一形態でもあります。

要は**製品・サービスの価格は据え置きつつ、キャンペーンの実施やバリエーションの増加で値ごろ感を演出するということ**ですが、近年ではより効率的に価格を変動させるため、AIなどを活用した「**ダイナミック・プライシング**」を採用している企業もあります。

これは需要と供給のバランスを考慮して価格を変動させる仕組みで、膨大なデータを扱う技術や人工知能の進化により、細かい価格調整をリアルタイムで行うことが可能になってきています。

お答えしましょう!

値下げは最終手段として考え、どうしても必要な場合は時間や場所といったシチュエーションを限定しましょう。

■ 値引きをしない価格戦略

① 適応型プライシング

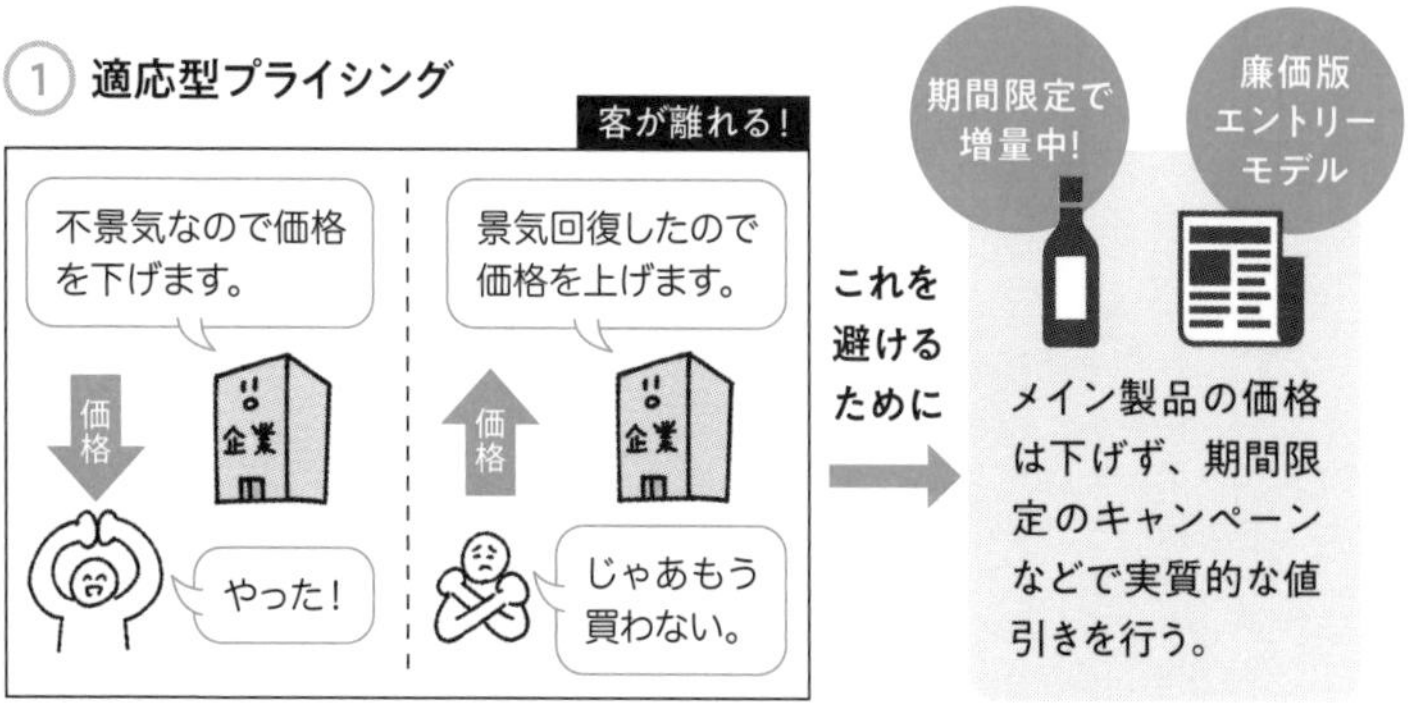

客が離れる!
不景気なので価格を下げます。
価格
企業
やった!
景気回復したので価格を上げます。
価格
企業
じゃあもう買わない。
これを避けるために
期間限定で増量中!
廉価版エントリーモデル
メイン製品の価格は下げず、期間限定のキャンペーンなどで実質的な値引きを行う。

② ダイナミック・プライシング

例：スポーツの観戦チケット

価格に影響を与える要素をAIが分析して自動的に価格を変動させる

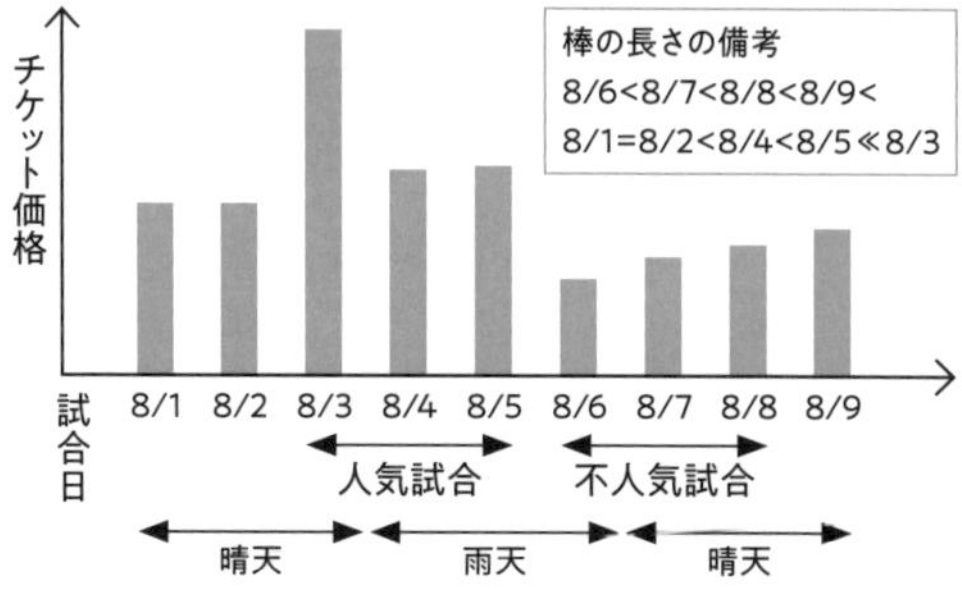

チケット価格
棒の長さの備考
8/6<8/7<8/8<8/9<
8/1=8/2<8/4<8/5≪8/3
試合日
8/1 8/2 8/3 8/4 8/5 8/6 8/7 8/8 8/9
人気試合
不人気試合
晴天
雨天
晴天

出典：『なんで、その価格で売れちゃうの？行動経済学でわかる「値づけの科学」』（PHP研究所）を参考に作成

KEYWORD

ダイナミック・プライシング……需給に合わせた変動料金制のこと。近年ではAIやディープラーニングといった最新技術により、自動で価格設定が可能に。

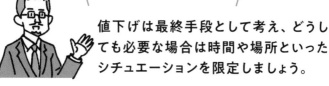

契約してくれそうな法人案件を判断する方法なんてありますか？

POINT
法人相手のセールスは行き当たりばったりでは成功しない

法人セールスは戦略的に進めるべし

1989年に日本語版が出版されたR・B・ミラーらによる名著『戦略販売』（ダイヤモンド社）では、法人セールスの方法論が紹介されています。

法人セールスでは**「理想の顧客像」を明確にすることが大切**です。過去の案件をふり返って最良と最悪、両方の顧客の特性を列挙し、見比べながら自社にとって最も望ましい相手のイメージを具体化しましょう。

その上で顧客の反応を見極めます。順風満帆な顧客はまず買ってくれませんから、相手が自社のサービスをどれくらい必要としているかを探ります。成長志向が強かったり、トラブルを抱えたりしている相手を選びましょう。さらに、決定権を持つ相手方のバイヤー（買い手）を見極め、その全員の賛同を得る必要もあります。

最後にいくつかある法人案件のうち、どれを優先して進めるかを考える具体的な手法として**「セールスファネル（じょうご）」**を紹介しましょう。次の4段階で進めます。

①相互満足を得られる「理想の顧客像」に該当するか？
②顧客の課題解決に対する意欲はどの程度なのか？
③決定権を持つ顧客側のバイヤーを把握しているか？
④相手方との折衝を通じて不確実な要素を排除できたか？

今や先進企業はこのセールスファネルをさらに拡張させた「マーケティング・ファネル」という概念で戦略的に法人販売に取り組んでいるので、興味があれば調べてみてください。

お答えしましょう!

法人セールスにおいては、見込みのある案件かどうかを「セールスファネル」の考え方を利用し、分析・整理します。

■ 法人セールスの優先順位を整理する「セールスファネル」

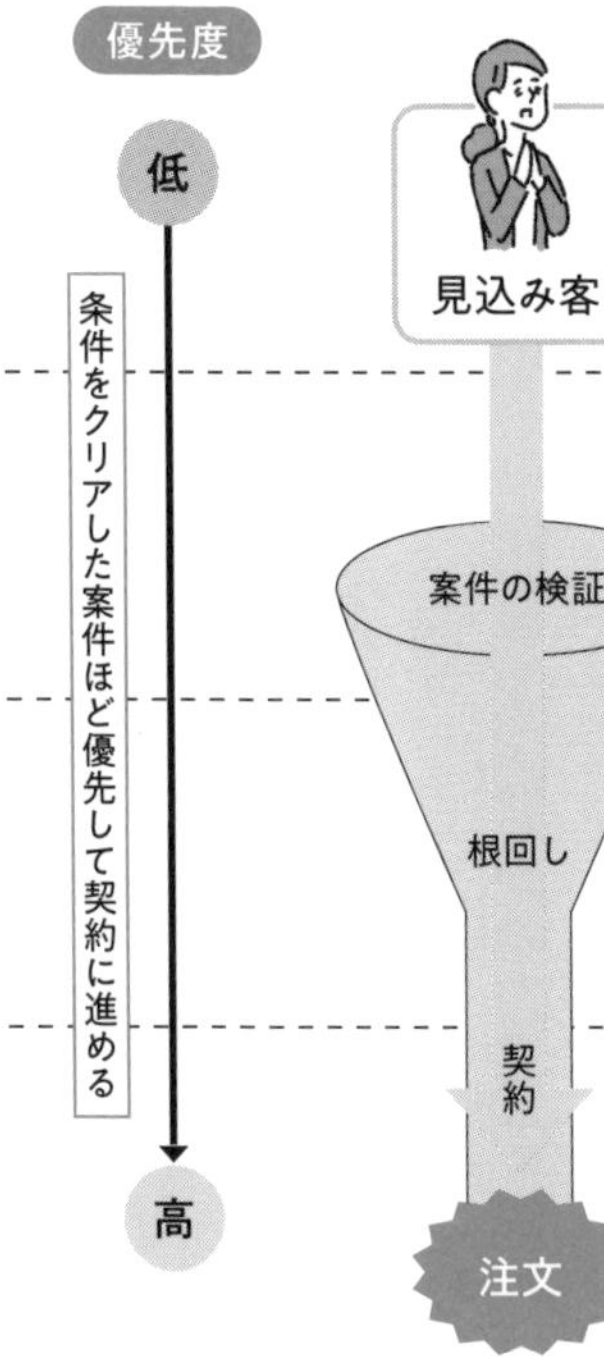

優先度
低
条件をクリアした案件ほど優先して契約に進める
高
見込み客
案件の検証
根回し
契約
注文
条件

❶「理想の顧客像」に当てはまり、かつ「相互満足」に至る可能性がある。

❷自社の製品・サービスが顧客のニーズと高いレベルで合致している。

❸顧客側の決定権を持つ人物と話し合いの場を持ち、発注の可能性を検証。

❹相手方の内情を探り不確実要素をクリアできたら、最優先で契約締結に進む。

出典：『世界のエリートが学んでいるMBA必読書50冊を1冊にまとめてみた』(KADOKAWA)を参考に作成

KEYWORD

セールスファネル（じょうご）……じょうごで水をろ過するように、特定の条件を設定して段階的に案件を厳選する手法。すべての条件をクリアした案件を優先する。

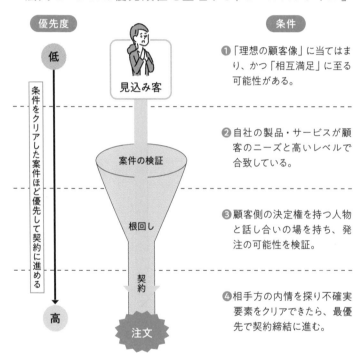

法人セールスで大きい商談を成立させるための秘訣はありますか?

POINT

深刻な問題を顕在化させる、意味のある質問を心がけよう

お答えしましょう!

対法人の大型商談では、相手の具体的な顕在ニーズを引き出す質問を投げかけましょう。

■ 潜在ニーズを顕在ニーズに育てよう

潜在ニーズ
今のパソコンの性能は不満。
今のパソコンの性能では、どのような業務に支障がありますか?
示唆質問で膨らませる(問題に焦点)
NEW!
OLD
作業効率を上げるためには、どのようなパソコンが必要ですか?
解決質問で変化させる(解決に焦点)
業務効率を上げるために高性能なパソコンが欲しい!
顕在ニーズ

出典:『大型商談を成約に導く「SPIN」営業術』(海と月社)(一部改変して掲載)

相手が抱えている問題の深刻さを自認させよう

ニール・ラッカム著『大型商談を成約に導く「SPIN《スピン》」営業術』(海と月社)を参考にしながら説明しましょう。

法人相手の大型商談を成功させるためには、まず顧客のニーズを考える必要があります。顧客ニーズには「**潜在ニーズ**」と「**顕在ニーズ**」の2種類があります。前者は「今のパソコンの性能に不満だ」といった顧客が口にした問題を指し、後者は「時間内に業務を終了するた

■ 質問で価値の天秤を明確にする

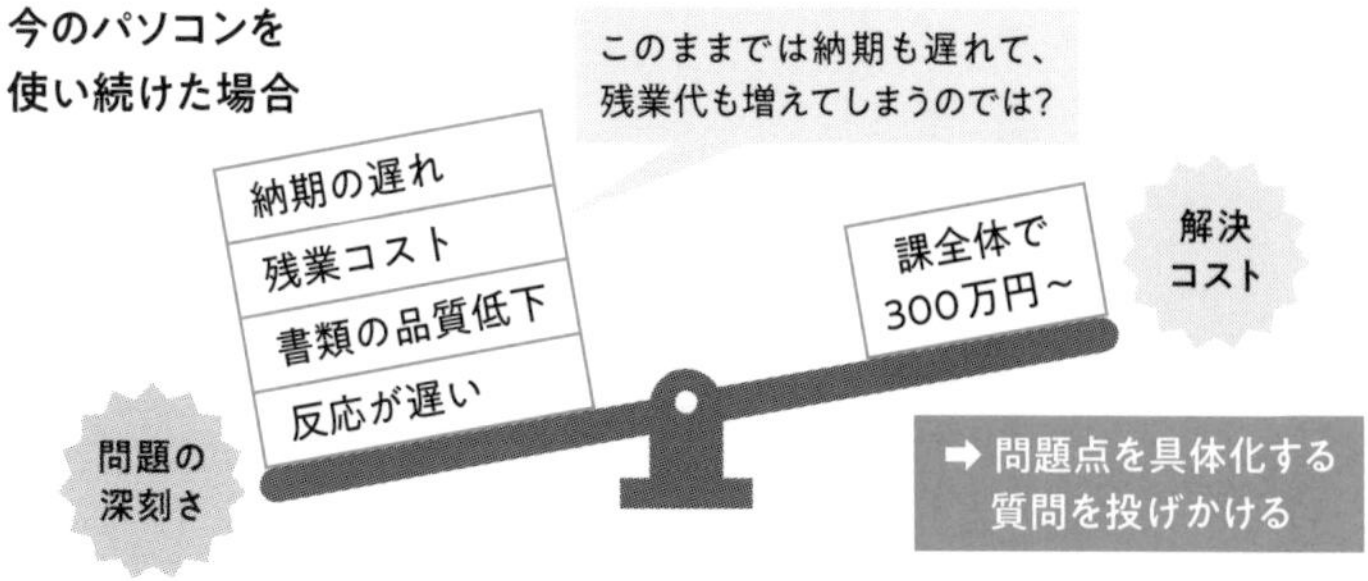
今のパソコンを使い続けた場合
このままでは納期も遅れて、残業代も増えてしまうのでは?
納期の遅れ
残業コスト
書類の品質低下
反応が遅い
問題の深刻さ
課全体で300万円~
解決コスト
➡ 問題点を具体化する質問を投げかける

出典：『大型商談を成約に導く「SPIN」営業術』（海と月社）（一部改変して掲載）

めにより高速のパソコンが欲しい」といった、顧客が口にした具体的な欲求を指します。商談を成功させるためには、漠然とした潜在ニーズを、具体的な顕在ニーズに育てなければなりません。

そのために有効なのが「SPIN」と呼ばれる質問法で、これは顧客に対する、次の4つの問いかけからなります。

①状況質問（Situation《シチュエーション》 Questions）
②問題質問（Problem《プロブレム》 Questions）
③示唆質問（Implication《インプリケーション》 Questions）
④解決質問（Need《ニード》-payoff《ペイオフ》 Questions）

まず①で顧客の現状を把握するための事実を収集し、次に②で潜在ニーズを顧客自身に語らせます。重要なのは③で、「このまま古い機器を使い続けるとコストがかかりすぎるのでは？」と問題の深刻さに焦点を当て、顕在ニーズを浮き彫りにします。最後に④で解決策の価値を顧客自身に語らせて、上図のように問題の深刻さが解決コストを上回るようにします。

KEYWORD

SPIN……成功例から導かれた大型商談における質問法。4つの段階を経て、潜在ニーズを顕在ニーズに育て上げる。

顧客に買ってもらえるお店が実践していることは何ですか？

店舗における工夫の積み重ねで売上アップ

マーケティングにおいては大がかりな戦略だけでなく、現場での実践がビジネスの結果を左右するケースも多くあります。

ここでは、パコ・アンダーヒル著『なぜこの店で買ってしまうのか ショッピングの科学』（早川書房）を参考に、小売業向けの販売テクニックの中から次の4つを紹介します。

①客の滞留時間を伸ばす。
②移行ゾーンを短くする。
③客に商品を試用させる。
④客の待ち時間を活かす。

まず①ですが、買い物時間と売上は相関関係にあり、購入者の店内滞留時間は非購入者と比べて倍以上に達することが調査で判明しています。つまり、**客が長くいたいと思う快適な店内を演出できれば、売上は伸びていく**ということです。

②の「移行ゾーン」は、客が入店したあと、買い物をする準備ができるまでに通り過ぎてしまうエリアのことです。人は新しい場所に来たとき、無意識に全体を見渡し、音や匂い、温度などの分析に集中します。この状態では入り口付近の商品に注意が向かないので、カゴやチラシを渡すなど客の足を一度止める工夫をして、**移行ゾーンを短縮する必要がある**のです。

また、消費者の多くは「買う前に試したい」と考えているので、③を実施して**五感に訴えかけるのは非常に有効**です。

最も重要なのが④で、どんなにサービスの質を上げても、待ち時間が長いと客の評価はガタ落ちします。**客を退屈させない工夫は必須です。**

POINT
入り口付近の商品はスルーされやすいので工夫が必要

お答えしましょう!

業績のよい店舗は、消費者の実態や習性を把握し、彼らが買いたくなるように細かい工夫を重ねています。

■ 売れる店が実践しているテクニック

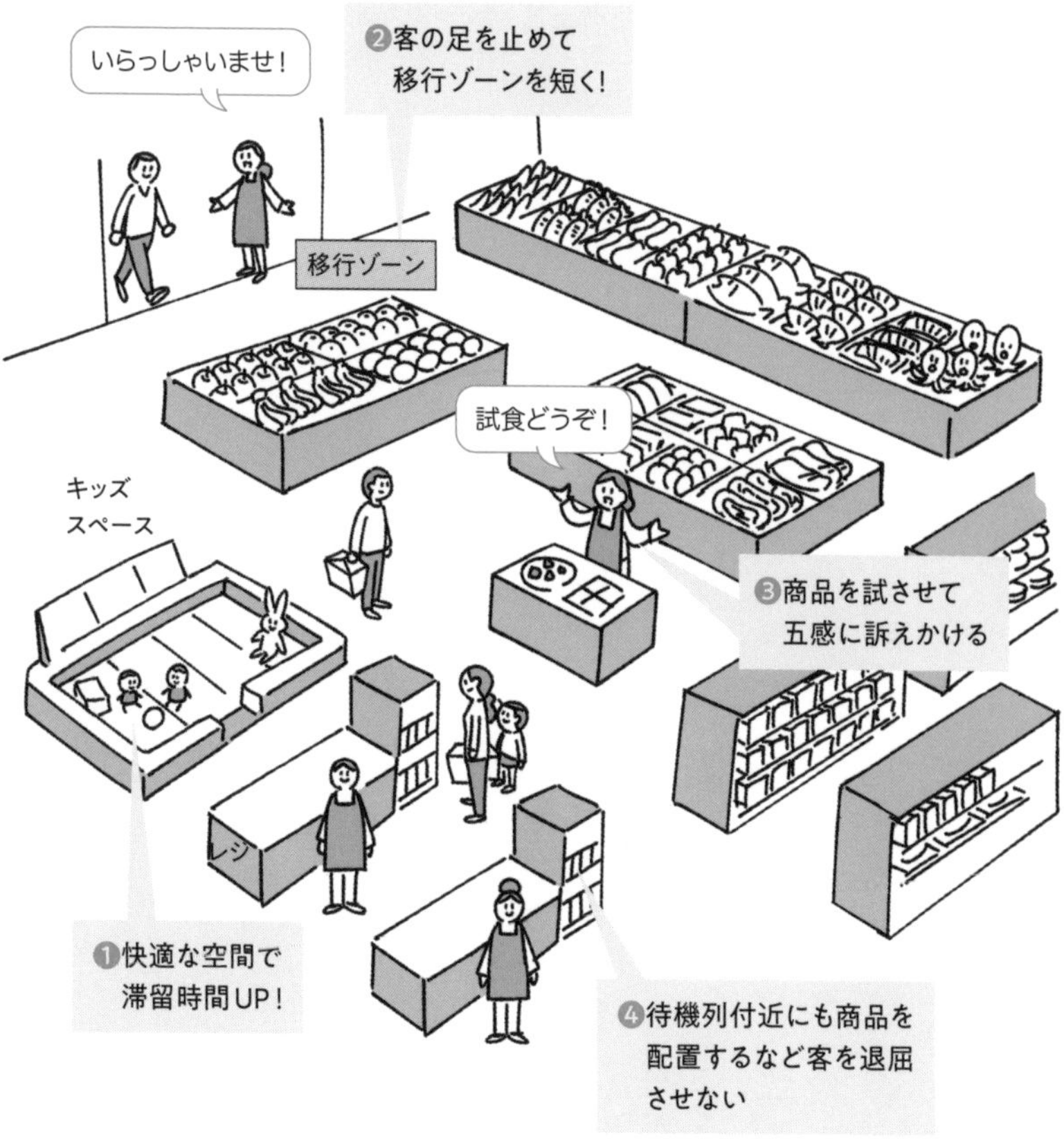

いらっしゃいませ!
❷客の足を止めて
移行ゾーンを短く!
移行ゾーン
試食どうぞ!
キッズ
スペース
❸商品を試させて
五感に訴えかける
レジ
❶快適な空間で
滞留時間UP!
❹待機列付近にも商品を
配置するなど客を退屈
させない

出典:『世界のエリートが学んでいるMBAマーケティング必読書50冊を1冊にまとめてみた』(KADOKAWA)を参考に作成

情報にあふれた現代では広告の効果は薄くなっているのでしょうか？

POINT

Amazonも Googleも パーミッションを重視した戦略で成長した

パーミッションが信頼関係の深さを示す

かつてヤフーの副社長を務めたセス・ゴーディンによる著書『パーミッション・マーケティング』(海と月社)は、原著が出版された1999年の時点で、現在のウェブマーケティングの本質を予言していました。

個人では処理しきれない量の情報があふれる現代社会では、人々の興味や関心が分散され、一方的に垂れ流されるだけの広告には誰も振り向きません。

こうした事態を見越していたゴーディンは、顧客からどれだけ深い「**パーミッション**」を得られるかが重要だと提唱しました。パーミッションとは直訳すると「許可、許し」という意味で、ここでは**顧客から信頼・委任された状態**を指します。

左図のように、顧客のパーミッションの深さを測る指標は5つあり、①の「すべて委任」の信頼度が最も高いとされています。これは、Amazonプライムの年会費のように、宣伝なしでも商品を継続(購入)してもらえる状態、いわば購入の意思決定自体を顧客から任されている状態です。こうしたサービスの継続率が高いほど、顧客からの信頼は厚いと考えられます。

購入額に応じて付与する②の「ポイント」についても、使用量が多いほどパーミッションが深いと判断できます。

一方でゴーディンは、③〜⑤は数字で表せない曖昧な要素のため、パーミッションを図る指標としては信頼度が低いと述べています。ここはマーケターの間でも意見が分かれるところです。

お答えしましょう！

その通りです。そのため、「パーミッション・マーケティング」という考え方を活用する必要があります。

■「パーミッション」の深さを測る5段階

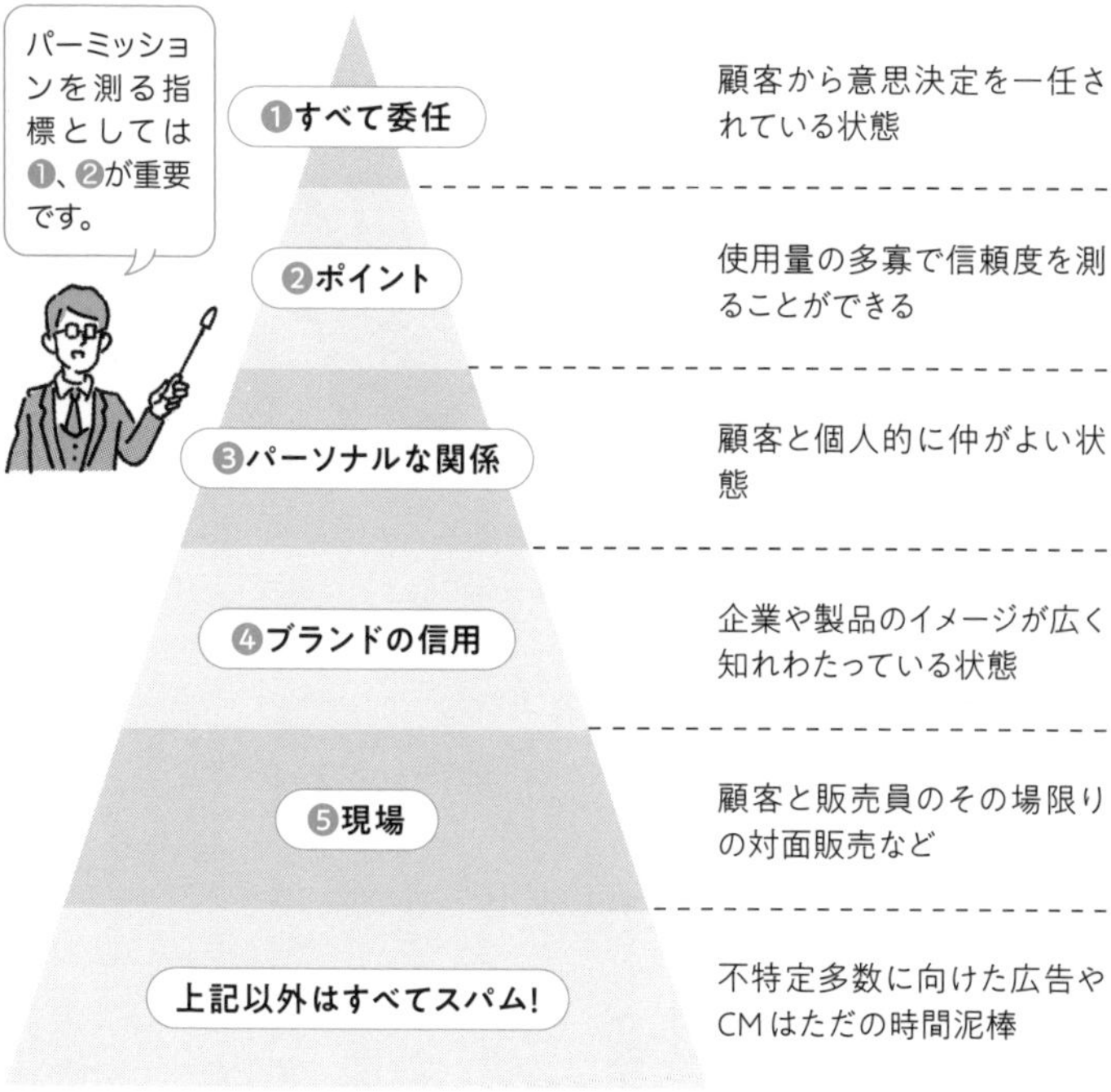

パーミッションを測る指標としては❶、❷が重要です。
❶すべて委任
顧客から意思決定を一任されている状態
❷ポイント
使用量の多寡で信頼度を測ることができる
❸パーソナルな関係
顧客と個人的に仲がよい状態
❹ブランドの信用
企業や製品のイメージが広く知れわたっている状態
❺現場
顧客と販売員のその場限りの対面販売など
上記以外はすべてスパム！
不特定多数に向けた広告やCMはただの時間泥棒

出典：『世界のエリートが学んでいるMBA必読書50冊を1冊にまとめてみた』（KADOKAWA）を参考に作成

KEYWORD

パーミッション・マーケティング……顧客との信頼関係の構築に重きを置き、パーミッション（許可）を得た上でメールマガジンなどを配信するマーケティング手法。

超実践
マーケティング
10

サブスクリプションを成功させる秘訣はありますか？

お答えしましょう！

サブスクの鉄則は「高い訴求力」「継続率の維持」「収益化」の3つです。

■ 各業界で進むサブスク化

サブスク化の例
ブランドバッグのレンタル（ラクサス）
ギターのオンラインレッスン動画（フェンダー）

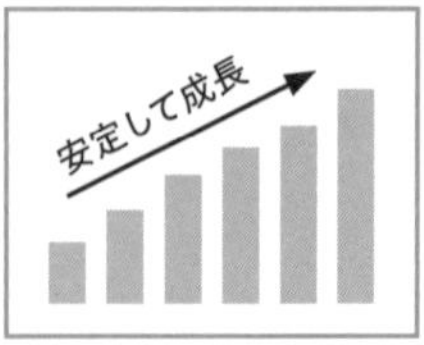

安定して成長

●サブスク化の強み

サブスクユーザーはコロナ禍などの不況でも解約率が低く、安定した収益につながる。

出典：『世界のエリートが学んでいるMBAマーケティング必読書50冊を1冊にまとめてみた』（KADOKAWA）を参考に作成

スタンダード化するサブスクリプションビジネス

サブスクリプション化の支援を行う企業ズオラの創業者であるティエン・ツォらの著書『サブスクリプション』（ダイヤモンド社）は、サブスクビジネスの発展が企業にもたらす変革について多角的な視点から考察した、世界的にも有名な定番書です。

サブスク化による収益の向上・安定化については、多くの企業が注目するところですが、既存製品をそのままサブスク方式で売ろうとしても成功しない

POINT

多くの企業がサブスク化を目指すが、そのハードルは高い

■ サブスクのハードルは意外と高い！

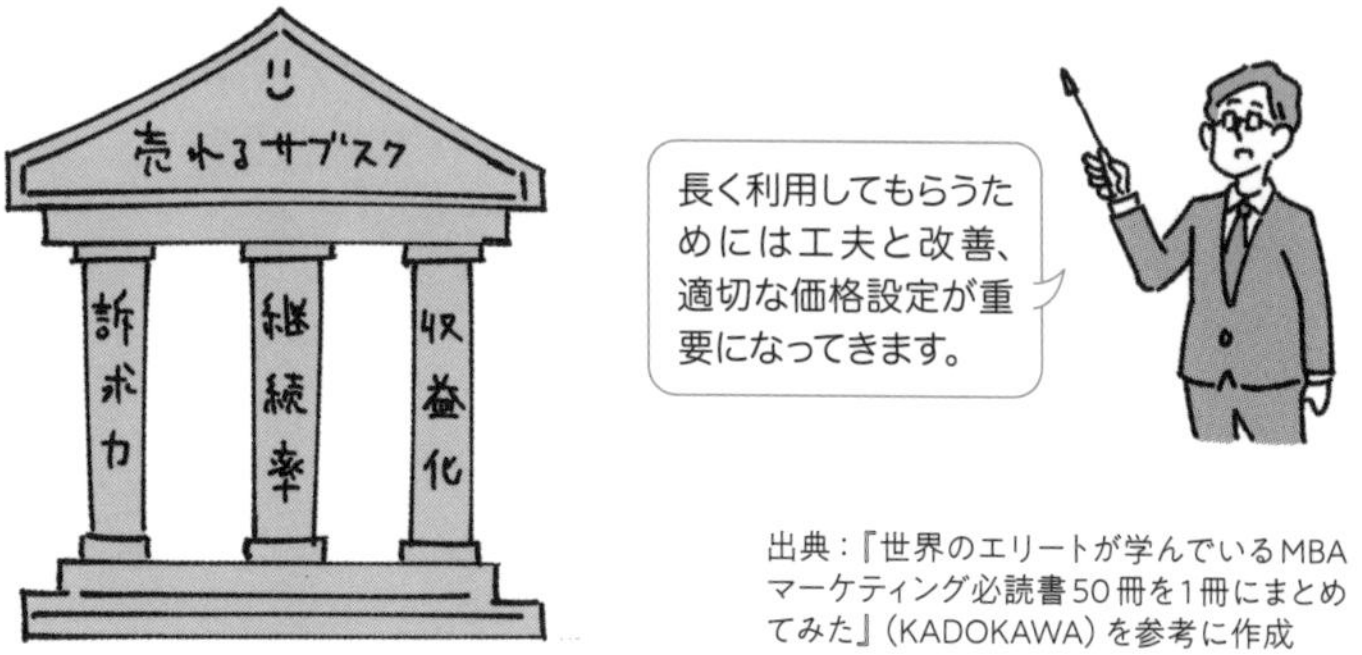
売れるサブスク
訴求力
継続率
収益化
長く利用してもらうためには工夫と改善、適切な価格設定が重要になってきます。

出典：『世界のエリートが学んでいるMBAマーケティング必読書50冊を1冊にまとめてみた』（KADOKAWA）を参考に作成

と、この本では語られています。

サブスクの成功例として挙げられているのがブランドバッグのレンタルサービスを展開する「ラクサス」で、月6800円（税別）で高級バッグ約4万点を借り放題のうえ、好みに合わせてAIが商品を提案してくれるアプリ機能を追加で実装して人気を伸ばしました。

上質な顧客体験を生むサブスク3つの鉄則

売れるサブスクに共通するのは、**①「どうしても使いたい」と思わせる高い訴求力、②顧客体験の更新による継続率の維持、③サービスを続けるための収益化**という、3つの鉄則です。

ラクサスの場合は、多種の高級バッグを安く使えるお得感と、AIマッチング機能による利便性の改善、割安感を出しつつ収益を確保できる価格設定と、成功に必要な三拍子がそろっています。意識すべきは、より価値あるサービスの提供を目指す真摯な姿勢なのです。

KEYWORD
サブスクリプション……月や年単位など一定期間、特定のサービスを継続利用できる権利を販売するビジネスモデル。

サブスク化すると一時的に利益が落ち込んでしまうのでしょうか？

POINT
サブスク化には、軌道に乗るまで我慢できる忍耐力と体力が必要

お答えしましょう！

サブスク化は一時的にコストがかかり、売上も下がります。それは「魚」の形となって現れます。

■ サブスク化で姿を現す「魚」

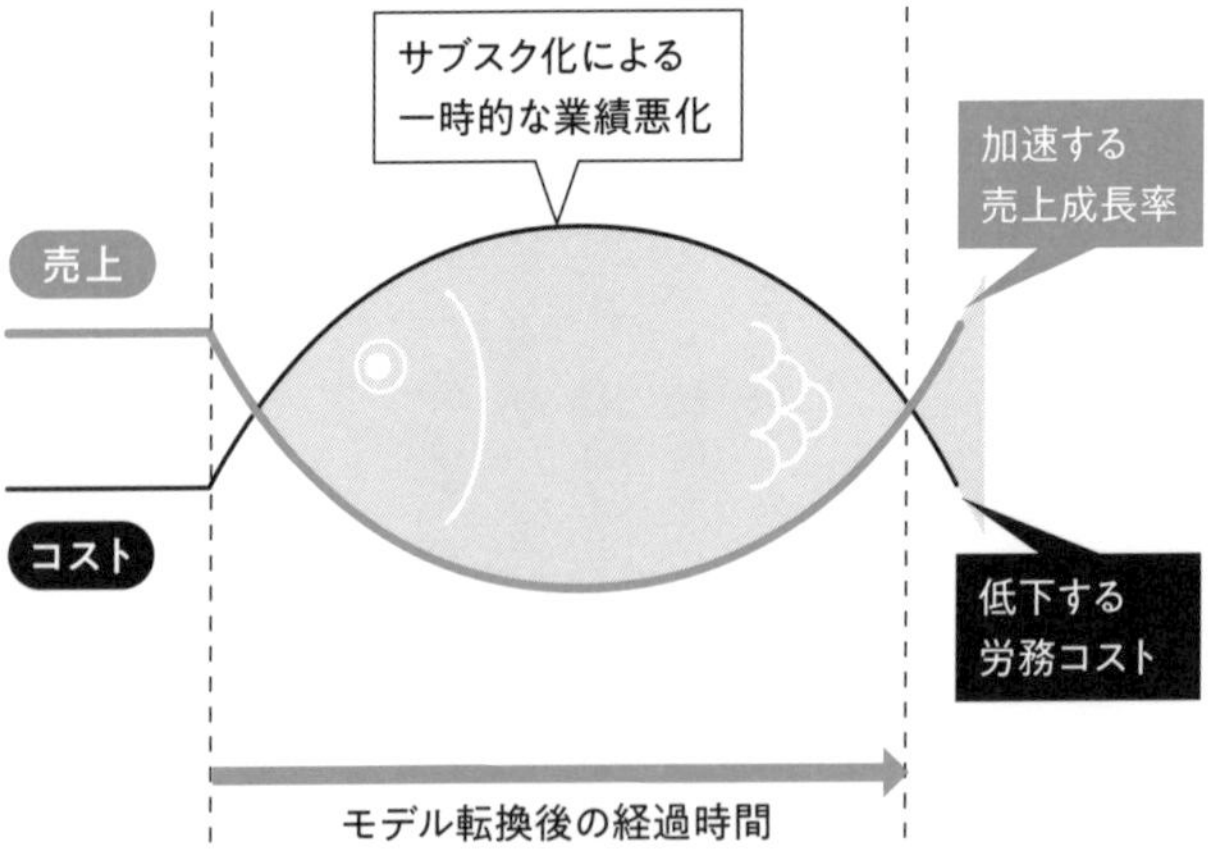
サブスク化による
一時的な業績悪化
加速する
売上成長率
売上
コスト
低下する
労務コスト
モデル転換後の経過時間

出典：『サブスクリプション』（ダイヤモンド社）（一部改変して掲載）

サブスク化に潜む「魚」を呑み込め

前項で紹介した『サブスクリプション』（ダイヤモンド社）は、サブスク化にかかるコストの問題にも言及しています。

サブスク化の実践にあたっては、製品・財務・販売など多岐にわたる分野で仕組みの変更が必要となり、移行後しばらくはコストが売上を上回る状態が続きます。

それは上図のようにグラフに「魚」の形となって現れますが、短期利益志向の企業ほどこの

■ サブスクの年間定期収益の成長を把握する公式

$$ARR_{n+1} = ARR_n - Churn + ACV$$

ARR_{n+1}	ARR_n	Churn	ACV
n+1年度（翌年）の年間定期収益	n年度の年間定期収益 サブスク事業のために、ARR（年間定期収益）の一定比率を投資に回す。	解約（チャーン） 解約を抑制、ARR減少を防ぐことが重要。	年間契約金額 新規契約分の金額。ACVが増えればARRも増える。

出典：『サブスクリプション』（ダイヤモンド社）（一部改変して掲載）

「魚」を嫌って現状維持を選択し、サブスク化に踏み切ることができません。

サブスク化を成功させられる企業には**一時的な業績悪化という名の「魚」を呑み込む忍耐力と体力が必要**なのです。

サブスクの将来的な売上の算出方法

コストを上回る売上を実現させるには、サブスクの将来的な売上を可能な限り正確に予測しなければなりません。そのためには上図のARR（年間定期収益）を用いた公式が役立ちます。

この式によれば、サブスクの収益アップを目指す上で重要になるのは、解約（チャーン）を減らすための「顧客離反防止」と、ACV（年間契約金額）を増やすための「新規契約獲得」です。

特に注力すべきは前者の顧客離反防止で、これがしっかりしていないと、新しい顧客の獲得もザルで水を汲むようにムダな努力になります。

KEYWORD

ARR……サブスクのように毎年繰り返し得られる売上のことで、「年間定期収益」や「年間経常収益」と呼ばれる。

超実践マーケティング

12

サブスクの解約を減らすための手法とは何でしょうか？

POINT

顧客にサブスクを活用してもらうため、とにかく世話を焼こう

世話を焼かなければ顧客の理解は得られない

サブスクの「解約防止」については、ニック・メータらによる著書『カスタマーサクセス』(英治出版)が参考になります。

サブスクが解約されてしまうのは、顧客がサービスを使いこなせておらず、満足な結果が出ないために役立たずと判断されてしまうからです。そこで本書は、顧客のためにきめ細かく世話を焼く「**カスタマーサクセス**」こそが、サブスク成功のカギだと主張しています。

従来のセールスでは売ることがゴールでしたが、**カスタマーサクセスでは売ったときがスタート**です。

顧客の利用状況を常にモニターして、彼らが抱えている問題をいち早く察知し、先回りして最適なサービスの活用方法を提案することで、顧客を成功へと導くのです。

そうすれば成功体験を得た顧客からの評価は高まり、契約更新や追加購入についても前向きに検討してくれるでしょう。

そのためには、顧客が何をしているのかを把握するためのシステムの構築が不可欠であり、さらに企業文化全体の見直しも必要です。営業部門はただ契約数を増やすだけでなく、「長期的な成功が見込める顧客に売る」ことを意識しなければなりませんし、製品部門は奇抜なだけですぐ飽きてしまう新機能よりも、「長く使い続けられるシンプルさや拡張性」を重視する方向に進化すべきです。

サブスクにおいては、**顧客に寄り添う真の「おもてなし」が求められているの**です。

お答えしましょう！

サブスクの解約を減らすには、顧客の問題を先回りして解決する「カスタマーサクセス」の考え方が有効です。

■「カスタマーサクセス」で継続率UP

よいサブスク
お困りですか？
きめ細かく世話を焼く
漏れないコップのように顧客が増えていく
質の高いサポートで継続率を維持する
悪いサブスク
あとは勝手にしてください。
販売後の顧客は放置
ダダ漏れのザルのようにいつまでたっても解約が減らない
継続率が低いままで顧客が増えない

出典：『世界のエリートが学んでいるMBAマーケティング必読書50冊を1冊にまとめてみた』（KADOKAWA）を参考に作成

KEYWORD

カスタマーサクセス……顧客の成功を支援するビジネスモデル。その過程で自社の製品・サービスの長所をより深く理解してもらい、顧客の離反を防止する。

リピーター……………158ページ
企業の商品やサービスを繰り返し利用する顧客のこと。長期的な収益をもたらす重要な顧客グループであり、マーケティング戦略では新規顧客の獲得と同様に重要視されている。

顧客努力……………160ページ
顧客がサービスを利用する際に要した努力のこと。たとえば、サービスの検索、購入、問い合わせなどが該当する。努力が少ないほど使いやすく、ストレスが少ないとされる。

適応型プライシング………164ページ
長期的な経済状況を考慮し、製品やサービスの価値を正当に評価した戦略的な価格設定戦略。顧客の状況に合わせて価格を設定する。

バイヤー……………166ページ
商品の調達や仕入れ、管理を担当する職種。本来は仕入れのみが業務の範囲内だが、チェーンストアでは商品の集荷から店舗への供給までの責任を持つことが一般的である。

顕在ニーズ……………168ページ
顧客が自覚し、商品やサービスを明確に求めている状態。顧客はこれらのニーズに対処するために行動する。そのため、顕在ニーズを抱えた顧客は購買意欲が高い傾向がある。

潜在ニーズ……………168ページ
顧客が自覚せずに持っている欲求やニーズ。市場において顕在ニーズよりも具体的ではない。

移行ゾーン……………170ページ
店内に足を踏み入れた客が、買い物をするモードに移行するまでに無意識に通り過ぎてしまう入り口付近の一帯。この範囲内に置かれた商品はスルーされやすい。

パーミッション…………172ページ
英語で「許可」の意味。パーミッション・マーケティングでは「顧客から許諾を得てマーケティング行動を行うこと」を指す。ユーザーから事前に許可を取得し、情報を利用する行為やその仕組みのこと。

サブスクリプション化……174ページ
製品やサービスにサブスクリプションビジネスモデルを導入すること。サブスクリプションとは、ユーザーが「一定期間利用する権利」に対して料金を支払うビジネスモデル。

おわりに

本当のマーケティング力をつける方法

最後までお読みいただき、ありがとうございました。

本書では、主要なマーケティング理論を一通りご紹介してきました。簡潔に絞り込んで紹介してきましたが、各ページで紹介した理論はそれぞれ書籍数冊分の内容になります。

このためページ数の割には、読みごたえがあったかもしれません。

一方で、**マーケティング力は、理論を学ぶだけでは身につきません**。

泳ぐ方法を本で学んでも、プールにいきなり飛び込むと泳げませんよね。

泳げるようになるには、泳ぐ方法を学んで、実際にプールの中で泳いでみて、試行錯誤しながら自分の身体に泳ぎ方を覚え込ませる必要があります。これを「身体知化」（自分の身体で覚えた知識とすること）といいます。
マーケティングも同じです。あなたが本で学んだマーケティング理論を、仕事を通して試行錯誤して、**自分の武器として「身体知化」していく必要がある**のです。

たとえばあなたが新規事業を担当していれば、「ウォンツや顧客のベネフィット」（40〜45ページ）を徹底的に見極めてみる。そして新規事業の結果が出た段階で、最初に考えたことが本当に正しかったのか、もし違っていたら何が間違っていて、どうすべきだったのかをきちんと検証する。

あるいはあなたが担当する新商品がなかなか売れなかったら、「イノベーター理論」（62〜63ページ）に基づいて、今のお客様がどの状態にいるか、自社の施策がそのお客様の状況に本当に合っているかを、よく考えてみる。

さらに「ベネフィット・セグメンテーション」（64〜65ページ）、「セグメンテーションの条件」（66〜67ページ）、「ターゲティング」（68〜69ページ）、「ポジショニング」（70〜71ページ）はそれぞれ適切なのか、個別に検証する。

または「自社の強みは何か?」を、ＶＲＩＯ（126〜127ページ）に沿って社内で徹底的に議論してみる。

あるいはあなたのチームでいいアイデアが出て来ない場合、「ブレインストーミングの落とし穴」（122〜123ページ）に嵌まっていないかを確認する。

このように学んだ理論を「座学」に終わらせずに、**実際に自分の仕事で使い倒して磨き込んでいくことが必要です**。そうして初めてマーケティングがあなたの武器として身体知化し、自由自在に使いこなせるようになっていきます。

本書があなたにとって実践的なマーケターとして活躍する一助となれば、監修者としてこれほど嬉しいことはありません。

永井孝尚

『イノベーションのジレンマ 増補改訂版』／著：クレイトン・クリステンセン／翔泳社

『OPEN INNOVATION ハーバード流 イノベーション戦略のすべて』／著：ヘンリー・チェスブロウ／産業能率大学出版部

●第 4 章

『ブランディングの科学』／著：バイロン・シャープ、アレンバーグ・バス研究所／朝日新聞出版

『ブランディングの科学　新市場開拓篇』／著：バイロン・シャープ、ジェニー・ロマニウク／朝日新聞出版

『確率思考の戦略論』／著：森岡毅、今西聖貴／ KADOKAWA

『ラブロック&ウィルツのサービス・マーケティング』／著：クリストファー・ラブロック、ヨッヘン・ウィルツ／ピアソン・エデュケーション

『ブランドは広告でつくれない　広告 vs PR』／著：アル・ライズ、ローラ・ライズ／翔泳社

『ウソはバレる』／著：イタマール・サイモンソン、エマニュエル・ローゼン／ダイヤモンド社

『WHY から始めよ！ インスパイア型リーダーはここが違う』／著：サイモン・シネック／日本経済新聞出版

『21 世紀のチェーンストア』／著：渥美俊一／実務教育出版

●第 5 章

『コトラーのマーケティング 3.0』／著：フィリップ・コトラー、ヘルマワン・カルタジャヤ他／朝日新聞出版

『おもてなし幻想』／著：マシュー・ディクソン他／実業之日本社

『価格戦略論』／著：ヘルマン・サイモン、ロバート・J・ドーラン／ダイヤモンド社

『なんで、その価格で売れちゃうの？行動経済学でわかる「値づけの科学」』／著：永井孝尚／PHP 研究所

『戦略販売』／著：R・B・ミラー、S・E・ハイマン／ダイヤモンド社

『大型商談を成約に導く「SPIN」営業術』／著：ニール・ラッカム／海と月社

『なぜこの店で買ってしまうのか　ショッピングの科学』／著：パコ・アンダーヒル／早川書房

『パーミッション・マーケティング』／著：セス・ゴーディン／海と月社

『サブスクリプション』／著：ティエン・ツォ他／ダイヤモンド社

『カスタマーサクセス』／著：ニック・メータ他／英治出版

●スタッフ

編集協力：佐藤裕二／佐古京太／斉藤健太（株式会社ファミリーマガジン）、佐藤勇馬
カバー・本文イラスト：髙柳浩太郎
本文・カバーデザイン：山之口正和＋齋藤友貴（OKIKATA）
DTP：内藤千鶴（株式会社ファミリーマガジン）
校正：ぷれす

参考文献

『世界のエリートが学んでいるMBA必読書50冊を1冊にまとめてみた』／著：永井孝尚／KADOKAWA

『世界のエリートが学んでいるMBAマーケティング必読書50冊を1冊にまとめてみた』／著：永井孝尚／KADOKAWA

『世界のエリートが学んでいるMBA経営理論の必読書50冊を1冊にまとめてみた』／著：永井孝尚／KADOKAWA

● Introduction

『【新版】ブルー・オーシャン戦略』／著：W・チャン・キム、レネ・モボルニュ／ダイヤモンド社

『コトラー、アームストロング、恩藏のマーケティング原理』／著：フィリップ・コトラー他／丸善出版

『真実の瞬間　SASのサービス戦略はなぜ成功したか』／著：ヤン・カールソン／ダイヤモンド社

『「売る」広告［新訳］』／著：ディヴィッド・オグルヴィ／海と月社

『私のウォルマート商法』／著：サム・ウォルトン／講談社

『小売再生』／著：ダグ・スティーブンス／プレジデント社

●第1章

『T. レビット マーケティング論』／著：セオドア・レビット／ダイヤモンド社

『ウソはバレる』／著：イタマール・サイモンソン、エマニュエル・ローゼン／ダイヤモンド社

『キャズム Ver.2 増補改訂版』／著：ジェフリー・ムーア／翔泳社

●第2章

『ポジショニング戦略［新版］』／著：アル・ライズ、ジャック・トラウト／海と月社

『価格の掟』／著：ハーマン・サイモン／中央経済社

『ブランド論』／著：デービッド・アーカー／ダイヤモンド社

『ブランド優位の戦略』／著：デービッド・A・アーカー／ダイヤモンド社

●第3章

『【新版】ブルー・オーシャン戦略』／著：W・チャン・キム、レネ・モボルニュ／ダイヤモンド社

『リーン・スタートアップ』／著：エリック・リース／日経BP社

『ジョブ理論』／著：クレイトン・M・クリステンセン／ハーパーコリンズ・ジャパン

『キャズム Ver.2 増補改訂版』／著：ジェフリー・ムーア／翔泳社

『新訂 競争の戦略』／著：M.E. ポーター／ダイヤモンド社

『発想する会社！』／著：トム・ケリー他／早川書房

『企業戦略論』／著：ジェイ・B・バーニー／ダイヤモンド社

な行

は行

や行

ら行

※本書の情報は2024年1月現在のものです。

人名

企業・製品

た行

な行

は行

ま行

索引

理論

監修者：永井孝尚(ながい・たかひさ)

マーケティング戦略コンサルタント。慶應義塾大学工学部（現・理工学部）を卒業後、日本IBMに入社。IBM大和研究所の製品開発マネージャー、ソフトウェア事業のマーケティング戦略マネージャー、人材育成部長として30年間勤務。2013年に日本IBMを退社して独立し、ウォンツアンドバリュー株式会社を設立して代表取締役に就任。製造業・サービス業・流通業・金融業・公共団体など、幅広い企業や団体を対象に、年間数十件の講演やワークショップ研修を実施。さらにビジネスパーソン向けに経営戦略力を高める完全オンライン制「永井経営塾」も主宰している。

著書に『100円のコーラを1000円で売る方法』『世界のエリートが学んでいるMBA必読書50冊を1冊にまとめてみた』(以上、KADOKAWA)などがあり、著書累計は100万部を超える。

永井孝尚オフィシャルサイト　https://takahisanagai.com/

X（旧Twitter）@ takahisanagai

永井経営塾 https://nagaijuku.com/biz/special/

モノではなく価値を売るために

マーケティングについて
永井孝尚先生に聞いてみた

2024年3月26日　第1刷発行

監修者　永井孝尚

発行人　土屋　徹

編集人　滝口勝弘

編集担当　神山光伸

発行所　株式会社Gakken

〒141-8416 東京都品川区西五反田 2-11-8

印刷所　中央精版印刷株式会社

●この本に関する各種お問い合わせ先

・本の内容については、下記サイトのお問い合わせフォームよりお願いします。
https://www.corp-gakken.co.jp/contact/

・在庫については　Tel 03-6431-1201（販売部）

・不良品（落丁、乱丁）については　Tel 0570-000577
学研業務センター　〒354-0045 埼玉県入間郡三芳町上富 279-1

・上記以外のお問い合わせは　Tel 0570-056-710（学研グループ総合案内）